Vegan Kochen

Originelle und gesunde Rezepte
für ein neues Lebensgefühl

EDITION XXL

*<< Die wichtigste Zutat der veganen Küche:
Menschen, die Tiere lieben und eine gute Küche zu genießen wissen. >>*

Inhalt

Danksagung

Nach fünf Jahren hinter dem Herd habe ich es geschafft, mein erstes veganes Kochbuch herauszugeben. Es waren fünf harte Jahre, denn sie forderten viel Kraft: Arbeit, Ausdauer, Disziplin, Reife, Geduld, Druck, Tränen, Flehen, gute Gerichte, schlechte Gerichte, Kopfschmerzen, Lächeln, von Restaurant zu Restaurant, noch mehr Arbeit. Aber zum Glück durfte ich mich stets über großzügige Unterstützung freuen.

Ich möchte mich beim Oceano Verlag bedanken, allen voran Jordi, Esther und Pere, für ihre Geduld und ihre hervorragende Arbeit.

Außerdem spreche ich meinen Dank gegenüber folgenden Personen aus: Balu, Saul, Christian Torrent, Jose, Adri und ihren Eltern, den Blisters on the fingers, den Sexy Rockets, barbi, Marc Lenoir, Adri, Eva und Sara de Gopal, dem Restaurante Biocenter, Chiara und Sara del Sésameo, Pelucas (Pedro) und seinem Boom Boom Rest, Sonia Capo, Rosa, Slava und Whisky, Javi Espiritual, der Chef dieser Küche, die uns so mit Liebe füllt, Dani vom Vegania, den Mädels der Cafeteria, die mir stets so guten Kaffee brachten, Borja und Jordi, die in der Welt der Filme verloren sind (herzlichen Dank für die große Unterstützung, wann immer ich sie brauchte), Adriana und Jaume von der Zeitschrift Cocina Vegetariana, die mich motiviert haben, dem großartigen Team von Becky Lawton (dass ihr mich täglich ertragen habt und an mich geglaubt habt), Francisco Vásquez und Leonora Esquivel (die dafür sorgen, dass Tiere jeden Tag mehr Rechte bekommen, und dafür, mich jeden Tag motiviert und begleitet zu haben, wann immer ich es brauchte, ihr seid wirklich großartig!), der Person, die immer mit ihrer Liebe und ihrem Vertrauen bei der Entstehung dieses Buches neben mit stand: Alba. Auch Ana, Eduardo Padrós, Fran, Jenn, Dani, Gabriel und Rosa möchte ich meinen Dank dafür aussprechen, dass sie meinen Traum haben Wirklichkeit werden lassen. Ich weiß nicht, was ich über meine Familie sagen soll, denn Worte sind zu wenig, sie waren immer an meiner Seite und haben mich unterstützt, wussten immer, was ich brauchte: mein Onkel, meine Cousins, meine Geschwister Diana und Luis, Lupita, mein erster Hund Coby und meine Eltern, die der Grund dafür sind, warum ich so bin, wie ich bin.

Die vegane Versuchung

Als Veganer kann man sehr gute Dinge vollbringen. Das ist die Philosophie des jungen und enthusiastischen Kochs Toni Rodríguez, der eines Tages seinen Job als Informatiker aufgab und „Lujuria Vegana" in Barcelona gründete. Der Name steht für ein Team aus Professionellen, die täglich viele neue vegane Köstlichkeiten entwickeln – völlig frei von tierischen Zutaten. Toni ist Autodidakt und immer bereit, mit einem neuen Geschmack, einem neuen Aroma oder neuen Zutaten zu experimentieren. Viele hat er bereits mit seinen Künsten begeistert: sowohl Veganer als auch Nicht-Veganer. Denn seine innovativen Gerichte sind eine köstliche Versuchung, die ein breites Publikum ansprechen: Personen, die auf ihren Cholesterinspiegel achten oder unter Laktoseintoleranz leiden wie auch Menschen, die von einer Zwangsdiät nichts halten und solche, die offen sind für neue, leckere Überraschungen.

Genuss à la carte

Das geschäftliche Abenteuer von Toni Rodríguez begann in seiner Küche. Dort experimentierte er mit verschiedenen süßen und salzigen Zutaten, um für die vegane Küche anhand von innovativen Rezepten Alternativen zu zaubern. Er verbrachte viele Stunden am Herd und allmählich sammelte er die nötigen Erfahrungen, um seinen Traum wahr werden zu lassen: die erste vegane Konditorei in Europa. Gesagt, getan: Gemeinsam mit der spanischen Unternehmerin Rosa Avellaneda schlug er einen professionellen Weg ein und freute sich schon bald über exzellente Kritiken. Seine süßen Kreationen könnten nicht appetitlicher und anregender sein: veganer Käsekuchen, knusprige Kokosnuss-Kekse mit Himbeersplittern, Schokoladenkugeln gefüllt mit Erdnussbutter-Mousse und überzogen mit Schokoladenglasur ...

Eine Köstlichkeit für die Sinne

Der Autor dieses Buches ist Teil einer neuen Generation von jungen Chef-Köchen, die daran arbeiten, die vegane Küche einem breiten Publikum schmackhaft zu machen. Der Einsatz von Rohstoffen höchster Qualität bei der Herstellung seiner originellen Kreationen bringt frischen Wind in eine Küche, in der Speisen ohne Zutaten tierischer Herkunft hergestellt werden.

Mit diesem Buch lädt uns der junge Chef-Koch dazu ein, das neue Konzept der veganen Küche anhand einer Vielzahl überraschender und gesunder Rezepte kennenzulernen: die einfache Zubereitung von frischen und ursprünglichen Zutaten, mit einem Schuss Innovation und Kreativität – vegane Köstlichkeiten für die Sinne.

Wer isst was?

Es gibt immer mehr Menschen, die auf den Konsum von tierischen Lebensmitteln verzichten möchten. Sei es um die Tiere zu schützen, aus gesundheitlichen oder anderen Gründen. So wie es verschiedene Gründe gibt, gibt es auch verschiedene Arten von Vegetarismus. Die vegetarische Ernährung im Allgemeinen sieht vor, dass kein Fleisch konsumiert wird – auch kein Geflügel oder Fisch. Zwar essen viele Vegetarier Fisch – diese müssten sich eigentlich Halbvegetarier nennen.

Generell unterscheidet man folgende Formen, je nachdem, auf welche Lebensmittel man verzichten möchte:

Vegetarier: Isst kein Fleisch, Fisch oder deren Derivate. In dieser Ernährungsform können nach Belieben jedoch Eier und Milchprodukte auftauchen. Das Wort Vegetarismus geht auf lateinisch „vegetus" zurück, das „gesund" bedeutet. Es wurde zum ersten Mal offiziell am 30. September 1847 während der Eröffnungszeremonie der *Vegetarian Society* in England verwendet. Zuvor wurden die Personen, die vegetarisch lebten, als „Pythagoreer" bezeichnet – in Anlehnung an den griechischen Denker Pythagoras von Samos, der zu den ersten Vegetariern gehörte.

Ovo-Lacto-Vegetarier: Isst kein Fleisch, Fisch oder deren Derivate, konsumiert jedoch Eier und Milchprodukte. Das ist die erweiterte Form des Vegetarismus.

Lacto-Vegetarier: Verzichtet auf Fleisch, Fisch und deren Derivate, Eier sowie weitere Lebensmittel, die von Tieren stammen, mit der Ausnahme von Milchprodukten.

Veganer: Verzichtet im Rahmen des Möglichen auf alle Zutaten und Rohstoffe tierischer Herkunft – sei es als Nahrungsmittel, Kleidungsstück oder andere Gebrauchsgegenstände. In kulinarischer Hinsicht verzichtet der Veganer darauf, tierische Produkte zu essen, inklusive Fleisch, Fisch, Meerestiere, Eier, Milch, Honig und alle Derivate.

Veganer sind auch als „strenge Vegetarier" bekannt. Ihre Vorläufer waren Elsie Shrigley und Donald Watson, zwei Vegetarier, die 1944 die *Vegan Society* ins Leben riefen. Laut Watson ist „der Veganismus eine Lebensphilosphie, die aus Ehrfurcht gegenüber den Tieren alles ausschließt, was mit der grausamen Nutzung von Tieren zu tun hat. In der Praxis wird eine pure vegetarische Ernährungsform verfolgt und man ist außerdem dazu animiert, Alternativen zu Produkten, die aus tierischer Herkunft stammen, in Betracht zu ziehen".

Rohköstler: Verfolgt die vegetarische Ernährung auf der Grundlage von Obst und Gemüse, die ungekocht verzehrt werden.

Makrobiotiker: Die Ernährung dieser Gruppe basiert auf Getreide, Saison-Gemüse und Vollkorn-Lebensmitteln.

Frutarier: Konsumiert nur frische Früchte, Dörrobst oder Trockenfrüchte.

Gute Gründe für ein veganes Leben

Eine Ernährung ohne tierische Zutaten ist ein Lebensstil und eine Philosphie, die aus verschiedenen Gründen gewählt werden kann.

Die Gesundheit unterstützen

Laut der amerikanischen Ernährungsgesellschaft *(American Dietetic Association)* sind konsequent durchgeführte vegane oder vegetarische Ernährungsformen sehr gesund, ernährungswissenschaftlich sinnvoll und können sogar die Behandlung einiger Krankheiten unterstützen. Die vegetarische Ernährungsform ist daher in allen Lebensetappen zu empfehlen, auch während der Schwangerschaft, der Stillzeit, in der Kindheit, der Pubertät und auch für Athleten. Ohne Zweifel ist Veganismus die gesündeste Ernährungsform, da sie in der Lage ist, Krankheiten und gesundheitliche Beschwerden drastisch zu reduzieren.

Veganer verfügen über einen niedrigeren Cholesterinspiegel als Fleischkonsumenten. Daher sind bei ihnen Herz-Kreislauf-Beschwerden seltener. Studien belegen, dass sich der Cholesteringehalt im Blut senken lässt, wenn man tierisches Protein durch pflanzliches Protein ersetzt. Neueste Studienergebnisse belegen zudem, dass eine ausgewogene Ernährung (reichlich Kohlenhydrate aus pflanzlichen Lebensmitteln und wenig Fett) die beste Vorsorgemaßnahme gegen Krankheiten wie Diabetes darstellt. Pflanzliche Fette sind in der Lage, den Blutdruck zu senken, während tierische Fette den Blutdruck erhöhen.

Generell tragen Veganer ein niedrigeres Risiko, an Herzkrankheiten wie Bluthochdruck, Fettleibigkeit, Diabetes, Krebs, Darmbeschwerden, Nieren- oder Blasensteine sowie Osteoporose zu erkranken.

Jeder Arzt rät uns zu einer fettarmen Ernährung, die reich an Ballaststoffen und Vitaminen ist. Die Weltgesundheitsorganisation (WHO) empfiehlt, den Fettkonsum zu reduzieren und den Konsum von Obst, Gemüse, Getreide sowie Hülsenfrüchten – die elementaren Nahrungsbestandteile eines Veganers – zu erhöhen. Die in Obst und Gemüse enthaltenen Antioxidantien sind zum Schutz für unseren Organismus essenziell. Auf der anderen Seite sind Kohlenhydrate die wichtigste Energiequelle für unseren Organismus. Die vegane Ernährung ist reich an diesen genannten Wirkstoffen, dank der Früchte, des Getreides, der Hülsenfrüchte und des Gemüses. Zu guter Letzt sind die Nahrungsmittel aus der veganen Küche reich an Vitaminen, Mineralstoffen und Ballaststoffen.

Die Verdauung ankurbeln

Immer mehr Menschen leiden unter Verdauungsstörungen. Die Mehrheit der Betroffenen ernährt sich mangelhaft. Um das Problem zu vermeiden, sollte man viele Ballaststoffe zu sich nehmen. Sie unterstützen den Transport schwer verdaulicher Nahrungsmitteln durch den Dünndarm und liefern außerdem wichtige Vitamine und Mineralstoffe. Die vegane Ernährung ist somit ideal, um die Verdauung zu normalisieren und Folgen von Verdauungsbeschwerden wie Übergewicht und Fettleibigkeit zu vermeiden.

Geld sparen

Die Einkaufsliste eines Veganers mit allen möglichen Sorten von Obst, Gemüse, Getreide und weiteren veganen Nahrungsmitteln ist weitaus günstiger als die einer Person, die Fleisch, Fisch, Meeresfrüchte und Milchprodukte einkaufen möchte. Hier ein paar Tipps, um die Kosten beim Einkaufen noch weiter zu reduzieren:

- Die Mahlzeiten vorplanen: Nehmen Sie sich pro Woche 15 Minuten Zeit (z. B. am Sonntagnachmittag), um die Mahlzeiten der Woche zu planen. Stellen Sie eine Liste mit allen dafür notwendigen Lebensmitteln auf.
- Vertrauen Sie auf die Grundnahrungsmittel der veganen Ernährung: Generell sind sie günstiger und ihre Vielseitigkeit erlaubt es uns, auf ihrer Grundlage verschiedene Gerichte herzustellen. Hülsenfrüchte sind z. B. günstig, halten sich lange und bieten viele Kombinationsmöglichkeiten mit weiteren Zutaten.
- Kaufen Sie Saison-Obst und -Gemüse: Es ist günstiger zu erwerben und auch sehr schmackhaft.
- Kochen Sie auf Vorrat: Planen Sie einen Tag in der Woche dafür ein, größere Mengen vorzukochen. Frieren Sie den Rest ein, um stets einen Vorrat für einige Tage zu haben. Gekochte Bohnen, Soße oder ein Gemüsefond lassen sich gut einfrieren.

Den Proteinkonsum senken

Proteine sind für unser Wachstum und unser Gewebe von großer Bedeutung. Insbesondere die essenziellen Aminosäuren sind für die menschliche Entwicklung sehr wichtig. Ein Großteil der Nahrungsmittel enthält Proteine – in kleinen oder großen Mengen. Die Proteine, die die wichtigen essenziellen Aminosäuren enthalten, sind in qualitativ guten Nahrungsmitteln zu finden. Der Schlüssel für eine optimale Proteinaufnahme liegt in einer ausgewogenen Kombination. Veganer, deren Ernährung auf Getreide, Hülsenfrüchten, Samen, Trockenfrüchten und Gemüse basiert, erfüllen die Voraussetzung für eine ausgewogene Proteinversorgung.

Eine ideale Ernährung besteht zu etwa 15 Prozent aus Proteinen. Trotzdem nehmen viele Menschen heutzutage 25 Prozent Proteine auf Kosten anderer wichtiger Nährstoffe, wie Kohlenhydrate, auf. Die vegane Ernährung verhindert einen exzessiven Konsum an Proteinen, der auf lange Sicht der Gesundheit schaden kann. Ein überhöhter Proteinkonsum kann Kalziummangel nach sich ziehen und Krankheiten wie Osteoporose mit sich bringen.

Unseren Planeten respektieren

Laut der Welternährungsorganisation *(Food and Agriculture Organization* – FAO) werden bei der Viehzucht mehr Treibhausgase freigesetzt als im Transportwesen. Außerdem leiden darunter sowohl die Bodenqualität als auch unsere Wasservorräte. Ferner rechnet die FAO aufgrund des Bevölkerungswachstums mit einem höheren Konsum an tierischen Lebensmitteln.

Im Gegensatz zur Debatte um fossile Brennstoffe ist es schwierig, hier Alternativen zu finden: Die Menschen müssen sich schließlich ernähren. Eine substanzielle Reduzierung dieser Problematik wäre mit einem radikalen Umdenken in der Ernährung möglich, fern vom Konsum tierischer Produkte.

Es wird deutlich, dass die Reduzierung des Fleischkonsums oder gar der komplette Verzicht auf Fleisch und dessen Derivate aus ökologischer Sicht unserem Planeten gut tun würde.

Das Leiden von Tieren vermeiden

Viele Menschen entscheiden sich aus ethischen Gründen für eine vegane Ernährung: Sie sind gegen die modernen Techniken der Viehzucht, die in erster Linie auf Produktionssteigerung ausgerichtet sind. In Ernährungsfragen wird der Tierschutz oft nicht beachtet und es besteht kein gesetzlicher Schutz gegen Grausamkeit. Veganer zu sein bedeutet, diese Situation durch die Ernährungsweise zu ändern, die Ausbeutung einzudämmen und somit die Grausamkeit gegen Tiere zu vermindern.

Veganismus basiert auf dem Respekt gegenüber Tieren. Veganer sprechen den Tieren die gleichen Rechte zu wie uns Menschen: das Recht auf ein Leben in Sicherheit, frei von Sklaverei oder Folter. Als Konsequenz verzichten sie auf Produkte tierischen Ursprungs. Viele Tiere leiden unter der Ausbeutung, sei es in der Nahrungsmittelindustrie, in der Mode oder Kosmetik. Der Veganer sieht dies als eine Verletzung der Rechte der Tiere und als Sklaverei an.

Die Tierschützer prangern an, dass täglich mit Millionen von Tieren gehandelt wird. Sie werden ihrer Freiheit beraubt, von ihren Familien getrennt, künstlich befruchtet und geschlachtet ... aus ökonomischem Interesse der Nahrungsmittelindustrie. Durch unsere Ernährung, Kleidung und Nutzung von Produkten, die an Tieren getestet wurden, unterstützen wir die Folter von Tieren und sind damit mitverantwortlich für dieses Leid.

Vegane Proteinquellen

- Getreide wie Hafer, Reis, Gerste, Weizen oder Getreideprodukte wie Nudeln oder Brot
- Hülsenfrüchte wie Kichererbsen, Bohnen, Linsen und Soja
- Trockenfrüchte und Nüsse wie Haselnüsse, Mandeln und Cashewkerne
- Samen von Sonnenblumen, Kürbis und Sesam

Die Tierschutzbewegung drängt darauf, dass sich die Gesellschaft darüber bewusst wird, dass Tiere genau wie Menschen über ein Nervensystem verfügen (Hunde, Schweine, Kühe, Hühner, Thunfische, Ratten ...) und in der Lage sind, Schmerz, Wohlbehagen und Angst zu empfinden. Daher haben Tiere ein Anrecht darauf, respektiert und nicht weiter diskriminiert zu werden.

Oft erfolgt die Diskriminierung von Tieren unbewusst. Beispielsweise sind uns die Interessen eines Hundes wichtiger als die einer Kuh oder eines Schweins. Das menschliche Wesen unterscheidet sich nicht wesentlich von dem der Tiere, was unsere Kultur jedoch kaum oder gar nicht berücksichtigt und den Tieren daher weniger Rechte zuspricht. Natürlich unterscheidet sich der Mensch vom Tier, dennoch hat der Mensch kein Recht, sich als Wesen über die Tiere zu stellen und sie infolgedessen zu unterwerfen, nur um die eigenen Wünsche in den Vordergrund zu stellen. Dem Philosophen José Ferrater Mora zufolge „haben wir kein Recht, uns als besondere Spezies hervorzuheben. Stellen wir Tiere auf eine andere Stufe als uns selbst, ist das dem Rassismus unter Menschen gleichzusetzen." Um diese Diskriminierung zu vermeiden, kann mit dem Veganismus der erste Schritt getan werden. Das bedeutet den grundsätzlichen Verzicht auf tierische Produkte in allen Lebensbereichen, eine vollständig vegane Ernährungsweise (ohne tierische Derivate, Milchprodukte, Eier, Honig), den Verzicht auf Kleidungsstücke tierischen Ursprungs (Leder, Wolle, Seide) sowie auf die Verwendung von Produkten, deren Verträglichkeit an Tieren getestet wurde, ferner die Vermeidung von Zoo- und Aquarienbesuchen oder von Vergnügungsparks, in denen Tiere zur Unterhaltung des Publikums eingesetzt werden.

Tiere als Opfer

- **Opfer der Pelzindustrie:** Dieser Geschäftszweig fordert täglich zahllose Tieropfer, um Kleidungsstücke wie Mäntel oder Jacken herzustellen. Nerze, Chinchillas, ausgewachsene Robben oder Baby-Robben, Fischotter, Füchse, Marder und Eichhörnchen sterben auf grausame Art und Weise, damit ihre Haut in einem Stück erhalten bleibt.

- **Rinder als Opfer:** Um mit Rindern mehr Geld zu verdienen, werden ihnen Wachstumshormone, Antibiotika oder andere Substanzen verabreicht. So soll der höchstmögliche Gewinn aus ihrer Milch und ihrem Fleisch erzielt werden.

- **Kaninchen als Opfer:** Schon 75 bis 90 Tage nach ihrer Geburt beginnt für diese Tiere ein Leben, das sie in Gefangenschaft verbringen.

- **Der Stierkampf:** Die Stierkämpfe in Spanien arten zu blutigen Spektakeln aus, bei denen der Stier gequält und getötet wird, nur zur Belustigung der Zuschauer.

- **Jagd und Fischerei:** Täglich sterben Millionen von Tieren durch Gewehr oder Angel. Fische, die durch den Angelhaken lediglich verletzt wurden, verstecken sich und verbluten dann im Wasser. Gejagte Tiere werden erschossen oder von den Jagdhunden zu Tode gebissen.

- **Imkerei:** Um Honig zu gewinnen, müssen viele Bienen leiden (sie werden erdrückt oder verstümmelt). Sie müssen bis zur Erschöpfung arbeiten, um ein Nahrungsmittel zu produzieren, das man ohne Weiteres mit einer einfachen Mischung aus Wasser und Zucker ersetzen könnte.

- **Schweinehaltung:** Obwohl die Schweine zu den intelligentesten Tieren gehören und den Hunden mit ihrer Intelligenz überlegen sind, werden sie unter grausamen Bedingungen gehalten. Millionen von Schweine werden täglich für die Nahrungsindustrie geopfert, nachdem sie vorher monatelang unter unwürdigen Bedingungen leben mussten.

- **Lamm- und Schafhaltung:** Um die Milch, das Fleisch, das Leder und das Fell der Tiere zu gewinnen, müssen diese unter sehr grausamen Bedingungen leben, bis ihr kurzes Leben beendet wird.

- **Hühnerhaltung:** Nach 35 Lebenstagen ist ein Huhn reif, um geschlachtet zu werden. Ihre kurze Existenz fristen sie unter extrem unwürdigen Bedingungen, eingepfercht in enge Hühnerställe, mit halb amputiertem Schnabel (das geschieht ohne Betäubung), damit sie ihre Mitinsassen nicht attackieren. Legehennen hingegen verbringen ihr Leben zusammengepfercht in Drahtkäfigen. Dort verbringen sie einige Jahre damit, Eier zu legen und werden dann geschlachtet. Normalerweise hat ein Huhn eine Lebenserwartung von 15 bis 20 Jahren.

- **Tierversuche:** Jedes Jahr sterben Millionen von Tieren als Opfer von Tierversuchen. Affen, Hunde, Katzen, Pferde, Rinder, Schweine, Schafe, Ziegen, Kaninchen, Frettchen, Chinchillas, Murmeltiere, Opossums, Eichhörnchen, Meerschweinchen, Hamster ... Sie werden in Laboren gefoltert und getötet.

LOS POLÍTICOS NO HACEN NADA
NI POR TI, NI POR ELLOS
VOTA pacma
Iniciativa Legislativa Popular
PROU
SIGNA AQUI
www.prou.cat
BARCELONA · dissabte 11
11 hores · Rambla de Canaletes
MARXA pels DRETS dels ANIMALS
:DIASIN CARNE
LOS ANIMALES NO SON RECURSOS
ACABEMOS CON SU ESCLAVITUD
Este local apoya una dieta libre de carne
POR TU SALUD
POR LOS ANIMALES
POR EL PLANETA
POR SOLIDARIDAD
:DIASINCARNE.COM
No compres, ¡ADOPTA!
¡VITAMINATE!
¡A LA SOPA!
¡DESPIERTATE!

Wie fange ich an?

Der erste Schritt zu einer veganen Ernährung besteht im Verzicht auf Lebensmittel wie Fleisch, Fisch und Eier. Das mag zu Anfang kompliziert erscheinen, doch man kann sich allmählich darauf einstellen. Viele Veganer haben damit begonnen, Lebensmittel tierischer Herkunft nach und nach wegzulassen, bis sie plötzlich bemerken, dass sie schon lange keine tierischen Lebensmittel mehr verzehren und sich an den Verzicht gewöhnt haben. Wenn man die Ernährung allmählich umstellt, wird sie stärker verankert und die neuen Gewohnheiten werden besser verinnerlicht. Unabhängig davon, wie man letztendlich vorgeht, ist es wichtig, einige Schlüsselfragen zu klären:

Das Basiskonzept der veganen Ernährung

Nahrungsmittelart, Nährstoffgehalt, Kombinationsmöglichkeiten – es ist nicht nötig, ein Wissenschaftler auf diesem Gebiet zu werden. Aber sicher wird man auf das eine oder andere Buch zu diesem Thema stoßen (so wie dieses hier ...). Auch ist es sinnvoll, ernährungswissenschaftliche Neuigkeiten zu verfolgen und sich z. B. in einem Internetforum zum Thema Veganismus anzumelden, wo man Informationen erhalten kann über:

- Einkaufsmöglichkeiten für vegane Produkte
- Rezepte für die einfache Zubereitung täglicher Gerichte
- Restaurants und Gaststätten, in denen vegane Gerichte zubereitet werden
- Vegane Ausrichtung von Festen und Events und vielem mehr, z. B. durch das Servieren veganer Speisen, Vorspeisen, veganer Paella oder veganer Hamburger, exotischer Frucht-Shakes ...

Ein anderer wichtiger Schritt auf dem Weg zum Veganer ist die grundsätzliche Infragestellung bisheriger Ernährungsgewohnheiten sowie die Bereitschaft zu einer Umstellung. Folgende einfache Fragestellungen sind dabei hilfreich:

- Nehme ich zu viele Proteine auf? Ein Großteil der Bevölkerung konsumiert doppelt so viel Proteine wie nötig. Unser Organismus neigt dazu, Proteine zu speichern und es kostet ihn viel Kraft, sie auszuscheiden. Ein guter Anfang ist es, auf rotes Fleisch, Wurstwaren und Fisch nach und nach zu verzichten und diese durch Lebensmittel zu ersetzen, die reich an pflanzlichen Proteinen sind, wie Soja, Hülsenfrüchte, Tofu, Getreide oder Trockenobst.
- Nehme ich zu viele gesättigte Fette auf? Fettsäuren sind essentiell für unseren Organismus. In unserer Ernährung sollten sie etwa 30 Prozent ausmachen. Doch wird dieser Wert überschritten, besonders durch den Konsum von gesättigten Fetten, kann das unseren Cholesterinspiegel im Blut negativ beeinflussen. Daher sollte man vorzugsweise ungesättigte Fettsäuren aufnehmen, wie sie in kalt gepresstem Olivenöl, Trockenobst und ölhaltigen Samen vorkommen.
- Esse ich zu wenig Obst und Gemüse? Die Weltgesundheitsorganisation (WHO) empfiehlt mindestens fünf Portionen frisches Obst und Gemüse am Tag. Sie sind eine wichtige Quelle für Antioxidantien, Vitamine, Spurenelemente und Mineralstoffe, die unseren Organismus schützen. Daher ist es sehr wichtig, den Konsum dieser gesunden Lebensmittel in unserer täglichen Ernährung zu steigern.

Die vegane Pyramide

Die vegane Ernährungspyramide teilt sich in folgende Stufen:

Getreide (6 oder mehr Portionen am Tag): Nudeln, Reis, Brot, Müsli, Weizen, Mais, Hafer, Roggen, Dinkel, Hirse usw. Beispiele für 1 Portion: 1 Scheibe Brot, 30 g Müsli, 120 g gekochtes Getreide oder Nudeln, 2 Esslöffel Weizenkeime.

Gemüse und Salat (3 oder mehr Portionen am Tag): Karotten, Spinat, Kohl, Paprika, Sellerie, Tomaten, Mangold, Kartoffeln, Zwiebeln, Erbsen, Spargel usw. Beispiele für 1 Portion: ½ Teller Blattsalat, 50 g rohes Gemüse, 80 g gekochtes Gemüse oder 1 Glas Gemüsesaft.

Obst und Trockenobst (2 oder mehr Portionen am Tag): Orangen, Äpfel, Bananen, Erdbeeren, Mangos, Avocados, Birnen, Aprikosen, getrocknete Aprikosen, Kirschen, getrocknete Feigen usw. Beispiele für 1 Portion: 1 Apfel, 1 Banane, 120 g Trockenobst oder 1 Glas Fruchtsaft.

Kalziumreiche Nahrungsmittel
(6 oder mehr Portionen am Tag): Brokkoli, Spinat, Sojamilch, Tofu, getrocknete Feigen, Mandeln, Sesam usw. Beispiele für 1 Portion: ½ Glas Sojamilchgetränk, 60 g (1 Scheibe) kalziumreicher Tofu, ½ Glas kalziumreicher Orangensaft, 60 g Mandeln, 240 g (ein Teller) kalziumreiches Gemüse (Brokkoli, Kohl, Kraut), 240 g kalziumreiche Hülsenfrüchte (Soja, weiße Bohnen …) oder 5 Feigen.

Hülsenfrüchte und Nüsse (2 bis 3 Portionen am Tag): Kichererbsen, Linsen, Soja, Tofu usw. Beispiele für 1 Portion: 1 Teller gekochte Hülsenfrüchte, 120 g Tofu, 3 Handvoll Nüsse oder 2 Gläser Sojamixgetränk.

Außerdem (1 bis 2 Portionen am Tag): Olivenöl, pflanzliche Milch, Säfte, Gemüsehamburger, Vitamin-B12-reiche Nahrungsmittel (wie Sojaprodukte oder Müsli).

Die Zutaten

Die Liste der veganen Lebensmittel ist nahezu endlos. Im Folgenden werden die bekanntesten vorgestellt, aus denen man appetitliche, kreative und gesunde Gerichte zaubern kann.

Gemüse und Salat

Geschmackvoll, gesund und nährstoffreich – das sind einige der Auswahlkriterien für vegane Lebensmittel. Gemüse und Salat befinden sich auf der 2. Stufe der veganen Ernährungspyramide und liefern eine Menge wertvoller Nährstoffe, Kohlenhydrate und Ballaststoffe.

Artischocke Dieses aus Nordafrika stammende Gemüse liefert wichtige Mineralien wie Eisen und Kalzium sowie die Vitamine A, B und C. Da die Artischocke nur 38 Kalorien pro 100 g enthält, wird sie gerne bei Diäten eingesetzt. In den Monaten Oktober bis Juni ist sie problemlos auf dem Wochenmarkt erhältlich. Dann ist sie fest und die Blätter haben eine hellgrüne, glänzende Farbe. Ein guter Trick bei der Auswahl der Artischocke: Man hält sie ans Ohr und drückt sie. Hört man ein leichtes Knacken, dann ist sie frisch. Man bewahrt sie am besten in einer geschlossenen Plastiktüte im Kühlschrank auf. Damit sich die Artischocke länger hält, sollte man sie erst kurz vor dem Kochen zerschneiden. Man kann sie roh essen, im Dampf garen, kochen, frittieren, einlegen, braten, backen ...

Aubergine Das Gemüse stammt aus Asien, ist das ganze Jahr über erhältlich und reich an Kalzium, Kalium sowie den Vitaminen A, B und C. Bei der Auswahl ist darauf zu achten, dass die Auberginen eine feste und glänzende Haut vorweisen. An der Größe kann gut der Frischegrad festgestellt werden, da man daran den Erntezeitpunkt ermessen kann. Sie kann geschmort, gefüllt, im Ofen gebacken, paniert, frittiert, gegrillt, gekocht, mit Wasserdampf zubereitet, als Creme oder Püree genossen werden.

Brokkoli Das Gemüse zählt zur Gattung Kohl und ist reich an Ballaststoffen und Mineralstoffen wie Schwefel, Eisen und Kalzium. Daher zählt der Brokkoli zu den nährstoffreichsten Nahrungsmitteln. Am besten kauft man ihn in den Monaten Oktober bis April. Beim Kauf ist darauf zu achten, dass das Gemüse eine feste Oberfläche sowie eine dunkelgrüne Farbe aufweist. Um die Nährstoffe weitestgehend zu erhalten, bereitet man ihn am besten im Dampf zu oder kocht ihn maximal 3 Minuten.

Gurke Obwohl man die Gurke das ganze Jahr über auf dem Wochenmarkt findet, ist sie in den Frühlings- und Herbstmonaten am aromatischsten. Sie ist sehr kalorienarm (nur 12 Kalorien pro 100 g) und reich an den Nährstoffen Eisen, Kalium und Vitamin C.

Karotte Sie ist sehr reich an Vitamin A, Kalzium, Kalium und Phosphor und ist während des ganzen Jahres erhältlich. Die feinen, kleinen Exemplare, die besonders schmackhaft sind, erhält man jedoch meist im Frühling.

Knoblauch Das wohl am meisten in der Küche verwendete Würzmittel ist reich an Mineralstoffen wie Kalzium, Eisen und Phosphor sowie an B-Vitaminen. Mit 110 Kalorien pro 100 g ist er ein hervorragendes diätisches und reinigendes Nahrungsmittel. Man findet Knoblauch zu jeder Jahreszeit auf dem Wochenmarkt. Am Ende des Winters und zu Beginn des Frühlings sind verschiedene Arten von zartem Knoblauch erhältlich. Kauft man trockenen Knoblauch, sollte man darauf achten, dass er sich fest anfühlt und keine hohlen Stellen an der Oberfläche tastbar sind.

Um den Knoblauch bekömmlicher zu machen, ist es ratsam, die Zehen vor der Verwendung in der Mitte zu öffnen und das grüne Innere herauszulösen. Um seinen intensiven Geschmack zu mildern, kann er vor dem Kochen eine Stunde lang in Wasser eingeweicht werden.

Kohl Es gibt verschiedene Arten von Kohl. Die bekanntesten Sorten sind Weißkohl, Rotkohl, Wirsing, Rosenkohl oder Chinakohl. Alle Sorten sind das ganze Jahr über erhältlich.

Kürbis Er ist reich an Kalzium, Eisen und Zink sowie an den Vitaminen A, B und C und enthält lediglich 12 Kalorien pro 100 g. Man unterscheidet zwei Sorten: den Sommerkürbis (klare, dünne Haut) und den Winterkürbis (süßer im Geschmack, enthält weniger Wasser). Kürbis kann man eingelegt, als Suppe oder als Gemüse genießen.

Lauch Reich an Ballaststoffen und Mineralien wie Eisen und Kalzium sowie den Vitaminen A und C, ist dieses Gemüse das ganze Jahr über erhältlich. Man sollte eher die kleinen Lauchstangen wählen, bei denen der weiße Teil fest ist und die Blätter schön grün und glänzend sind.

Mangold Er ist reich an Ballaststoffen und Mineralien wie Kalium, Magnesium und Eisen sowie an den Vitaminen A und C. Er enthält sehr wenig Kalorien (28 Kalorien pro 100 g), weshalb er sehr beliebt ist bei Diäten. Mangold kann man zu jeder Jahreszeit bekommen, obwohl er vom Herbst bis zum Frühling am geschmacksintensivsten ist. Beim Kauf sollte man darauf achten, dass die Blätter glänzen und keine braunen Flecken oder Ränder haben. Dieses Gemüse ist nicht lange haltbar, daher sollte man es nach dem Kauf innerhalb von 2 bis 3 Tagen verzehren. Man kann Mangold auch einfrieren und später einfach einige Minuten in kochendem Wasser auftauen. Die Blätter können roh verzehrt werden, während der Stiel für Suppen, Schmorgerichte oder Gulasch verwendet werden kann.

Paprika Man unterscheidet zwei Arten von Paprika: die süßen und die pikanten. Die süße Paprika ist grün oder rot, ihre beste Zeit ist im Sommer und zu Beginn des Herbstes, obwohl sie das ganze Jahr über erhältlich ist. Die pikante Paprika sticht durch ihre Schärfe hervor.

Rettich Er ist das ganze Jahr über erhältlich, in den Frühlingsmonaten jedoch besonders schmackhaft. Rettich liefert viele Nährstoffe wie Phosphor, Kalzium und Eisen sowie die Vitamine B und C.

Rote Bete Man findet sie das ganze Jahr über und sie ist reich an Zucker, Ballaststoffen und den Nährstoffen Kalium, Natrium und Kalzium.

Sellerie Er ist reich an Mineralien wie Kalium, Natrium und Phosphor und verfügt über einen hohen Ballaststoffgehalt sowie die Vitamine A und C. Sellerie ist eine Gemüsesorte mit einem sehr geringen Kaloriengehalt (nur 12 Kalorien pro 100 g) und das ganze Jahr über auf dem Wochenmarkt erhältlich. Bei der Auswahl ist darauf zu achten, dass er fest ist, eine hellgrüne Farbe aufweist und keine braunen Flächen oder trockene Punkte hat. Am besten bewahrt man Sellerie eingewickelt in Küchenpapier in der Gemüseschublade des Kühlschranks auf. Er kann gekocht für jede Art von Suppe oder Brühe verwendet werden sowie roh in Streifen geschnitten oder geraspelt als schmackhafte Zugabe von Salaten.

Spargel Er stammt aus dem Mittelmeerraum. Im Handel sind zwei Hauptsorten erhältlich: weißer und grüner Spargel. Der weiße Spargel wächst unter der Erde und entwickelt daher kein Chlorophyll, weshalb er seine weiße Farbe beibehält. Der grüne Spargel wird besonders wegen seines intensiven Geschmacks sehr geschätzt. Obwohl beide Sorten das ganze Jahr über erhältlich sind, ist ihre beste Zeit in den Monaten April bis Juni. Bei der Auswahl sollte man darauf achten, dass die Spitze gut geschlossen und kompakt, der Stängel fest und gerade ist.

Spinat Diese aus Asien stammende Gemüseart ist reich an Eisen sowie Vitamin A, B und C. Spinat ist das ganze Jahr über in verschiedenen Sorten erhältlich, die sich in Art und Größe ihrer Blätter unterscheiden (glatt, gewellt, groß, klein). Beim Kauf sollte man darauf achten, dass die Blätter eine glänzende grüne Farbe aufweisen und gleichmäßig sind. Man kann Spinat einige Tage im Kühlschrank aufbewahren. Um ihn länger frisch zu halten, sollte man ihn in eine perforierte Tüte geben.

Tomate Sie ist eine exzellente Quelle für Ballaststoffe, Kalium, Phosphor, Vitamin C und E. Es gibt Hunderte verschiedene Tomatensorten, die sich anhand der Größe, Form und Verwendung klassifizieren lassen. Grundlegend unterscheidet man 2 Kategorien:

- Salattomaten: Innerhalb dieser Gruppen findet man die Varianten Dan Ronc (sehr voll und fleischig), Montserrat (gelappte Form, weniger fleischig, aber sehr geschmackvoll) und Cherry (klein und intensivrot).

- Kochtomaten: Hier sind die Sorten Daniela (kugelförmig und saftig) und die Flaschentomaten (ideal zur Soßenherstellung) zu unterscheiden.

Zucchini Reich an Ballaststoffen und Mineralien (Kalium und Kalzium), ist sie das ganze Jahr über erhältlich, doch die beste Qualität bekommt man während der warmen Monate. Bei der Auswahl sollte man die größeren Exemplare aussortieren, da sie viele Samen enthalten und das Fleisch weniger fest ist. Man kann Zucchini roh und gegart genießen.

Zwiebel Sie ist das ganze Jahr über erhältlich, obwohl die beste Qualität in den Frühlingsmonaten zu bekommen ist. Sie ist reich an Mineralstoffen wie Kalium, Phosphor, Magnesium und Kalzium und kann roh oder gegart verzehrt werden. Die Zwiebel ist eine ideale Zutat für Salate, wobei hier eher die süßen Zwiebeln verwendet werden sollten. Um das lästige Augentränen beim Schneiden der Zwiebel zu vermeiden, sollte man sie nach dem Schälen unter kaltes Wasser halten. Die Ursache für den Juckreiz, der die Augen zum Tränen bringt, ist ein flüchtiges Öl mit hohem Schwefelgehalt, das mit Wasser abgespült werden kann.

Obst

Saftig, gesund und nährstoffreich – für die vegane Ernährung ist Obst eine ideale Komponente. Es enthält wenig Kalorien und verfügt über einen hohen Wasseranteil (zwischen 80 und 95 Prozent), ist reich an Kohlenhydraten, Zucker und Antioxidantien (Vitamin C, Vitamin E, Betacarotin, Lycopin, Lutein, Flavonoide).

Ananas Sie stammt aus Brasilien und ist reich an den Vitaminen A, B und C sowie an Ballaststoffen, Kalium und Kalzium. Die Ananas ist das ganze Jahr über auf dem Markt erhältlich. Beim Kauf sollte man darauf achten, dass die Schale nicht nachgibt, wenn man mit dem Finger daraufdrückt. Ist sie erst geschält und zerkleinert, sollte man sie schnellstmöglich verzehren, da sie schnell verdirbt.

Apfel Diese exzellente Quelle für Vitamin C und Ballaststoffe liefert außerdem Kalzium, Phosphor, Kalium sowie Eisen. Unter den bekannten Sorten findet man den Granny Smith (grüne Farbe, leicht säuerlicher Geschmack), den Golden Delicious (gelb-grünliche Farbe, festes Fruchtfleisch), die Renette (gelbe Farbe, süßer Geschmack) oder den Fuji (rot-gelbe Farbe, sehr aromatisch und saftig). Der Großteil der Sorten ist zwischen September und Juni auf dem Markt, einige sind das ganze Jahr über erhältlich, wie z. B. die Sorte Golden Delicious.

Aprikose Die Frucht mit saftigem, festem Fruchtfleisch hat einen köstlichen süßen Geschmack. Ihre beste Zeit ist zwischen Mai und September. Die Aprikose ist für ihren hohen Anteil an Ballaststoffen, Provitamin A und Antioxidantien bekannt. Man sollte sie gut gereift kaufen, um ihr süßes Aroma voll genießen zu können.

Avocado Sie stammt ursprünglich aus Mexiko, Kolumbien und Venezuela, ist reich an Fetten und hat viele Kalorien (135 Kalorien pro 100 g). Zu den bekanntesten Sorten gehören Bacon (ab Oktober erhältlich), Fuerte (das ganze Jahr über erhältlich) und Pikerton (in den Monaten Februar und März erhältlich).

Banane Diese süße Frucht stammt aus dem südlichen Teil Asiens. Sie ist reich an Kohlenhydraten, Kalium und Magnesium und das ganze Jahr über erhältlich. Beim Kauf sollte man darauf achten, dass sie keine Dellen oder braunen Flecken aufweist, da sie schnell schlecht wird. Um zu verhindern, dass die Schale braun wird, sollte man sie außerhalb des Kühlschranks aufbewahren.

Birne Sie stammt aus Osteuropa und dem westlichen Teil Asiens. Zu den bekanntesten Sorten zählen die Conference (süß und mit Flecken auf der Haut), Alexander Lucas (saftiges, kerniges Fruchtfleisch) sowie Williams Christ (gelb-weißes Fruchtfleisch mit intensivem Aroma). Sie verfügen alle über einen hohen Zuckeranteil, viele Ballaststoffe sowie Mineralstoffe wie Kalium.

Erdbeere Sie ist kalorienarm, aber reich an Kohlenhydraten, Ballaststoffen und Vitamin C. Die Erdbeere gehört zur Familie der Rosengewächse, zu der u. a. die Brombeere, die Himbeere und Steinobst zählen.

Feige Diese delikate Frucht stammt aus dem mediterranen Raum. Man unterscheidet nach ihrer Hautfarbe verschiedene Sorten (weiß, bläulich, dunkelrot). Sie ist reich an Kohlenhydraten und Ballaststoffen sowie an Kalium, Kalzium und Magnesium. Beim Kauf sollte sie eine feste Konsistenz aufweisen, eine weiche Textur haben und sanft nachgeben, wenn man sie zwischen den Fingern drückt (das ist ein Zeichen dafür, dass sie reif ist). Man kann sie bis zu drei Tagen im Kühlschrank aufbewahren.

Grapefruit Die beste Zeit dieser Zitrusfrucht, die der Orange, der Mandarine und der Zitrone sehr ähnlich ist, sind die Monate Oktober bis März. Sie ist reich an Vitamin C und Mineralstoffen wie Kalium, Phosphor sowie Magnesium. Zu den bekanntesten Sorten zählen die gelbe Grapefruit (säuerlich-bitterer Geschmack) sowie die rosa Grapefruit (etwas süßer).

Heidelbeere Sie kommt ursprünglich aus Asien und Europa und wächst wild am Wegesrand oder Flussufer. Sie reift in den Sommer- und Herbstmonaten, doch dank der Züchtung im Gewächshaus kann man sie das ganze Jahr über erhalten. Die bekanntesten Sorten sind die schwarze oder amerikanische Heidelbeere und die rote oder saure Heidelbeere.

Kirsche Diese Sommerfrucht kann ab Ende April bis Mitte August genossen werden. Ihre Farbe variiert zwischen einem rötlichen Gelbton, einem intensiven Rot und einem fast schwarzem Ton. Beim Kauf sollte man auf die saftigen Exemplare mit fester, glänzender Haut ohne Dellen zurückgreifen. In der Regel sind die größeren Früchte saftiger. Die Kirsche verfügt über einen hohen Gehalt an Kohlenhydraten, vor allem Fructose, wobei ihr Kaloriengehalt gegenüber anderen Obstsorten geringer ist. Außerdem liefert sie reichlich Ballaststoffe.

Kiwi Sie stammt aus verschiedenen Regionen des Himalaya. Ihre beste Zeit beginnt im Oktober und hält bis Mai, Kiwis aus Neuseeland sind ganzjährig erhältlich. Sie ist für ihren hohen Vitamin-C-Gehalt bekannt, der doppelt so hoch ist wie der einer Orange. Beim Kauf sollte man Exemplare ohne Flecken wählen.

Kokosnuss Bei der Auswahl sollte man die Exemplare wählen, die in ihrem Inneren reichlich Wasser haben. Um das zu prüfen, hält man die Kokosnuss ans Ohr, schüttelt sie und versucht so, die Wassermenge abzuschätzen. Einmal geöffnet, sollte man sie am gleichen Tag verzehren oder die Stücke in einem Behälter mit Wasser aufbewahren. So kann sie sich bis zu vier Tagen halten. Es handelt sich um eine sehr kalorienreiche Frucht mit 351 Kalorien pro 100 g.

Limette Diese erfrischende Zitrusfrucht ist das ganze Jahr über erhältlich und besitzt einen sehr geringen Kalorienanteil (nur 6 Kalorien pro 100 g). Sie ist reich an Kalium und Vitamin C, je nach Sorte kann sie mehr oder weniger sauer sein. Man sollte Exemplare wählen, die eine glänzende, intensivgrüne Schale haben.

Mandarine Sie stammt ursprünglich aus China und enthält Vitamin A und C sowie Kalzium und Magnesium. Die bekanntesten Sorten sind die Clementine (süßes Fruchtfleisch und aromatischer Saft) und die Satsuma (dünne, feine Haut, lässt sich meist schwer schälen). Die Mandarine ist in den Monaten von September bis März auf den Wochenmärkten zu finden. Wie bei allen Zitrusfrüchten sollte man die schwereren Exemplare auswählen, da sie einen höheren Saftgehalt haben.

Mango Sie stammt aus Indien, ist sehr saftig und aromatisch und das ganze Jahr über verfügbar. Es gibt verschiedene Sorten, die man nach der Schalenfarbe unterscheidet: grün, orange, rot, gelb, rosa und auch violett. Es handelt sich um eine sehr kalorienreiche Frucht (60 Kalorien pro 100 g), die reich an Vitamin A und C sowie Kalium und Magnesium ist.

Melone Die im tropischen Afrika beheimatete Frucht gibt es in über 50 Sorten. Sie kann je nach Sorte eine grüne, gelbe oder orangene Farbe haben. Es handelt sich um eine Sommerfrucht, die während der warmen Monate Saison hat. Sie ist reich an Ballaststoffen, Kalium und an Vitamin A, B und C. Beim Kauf sollte man stets reife Früchte wählen, die man durch leichtes Drücken am Stilansatz ermitteln kann.

Sollte das Fruchtfleisch hier etwas nachgeben, ist die Melone reif. Aufgrund ihrer festen Schale kann sie bei Raumtemperatur aufbewahrt werden, wodurch sie außerdem ihr kälteempfindliches Aroma beibehält.

Mispel Diese Frucht ist von April bis Juni auf dem Markt erhältlich. Sie hat einen hohen Zuckeranteil und ist reich an Ballaststoffen und Mineralstoffen wie Kalzium und Magnesium.

Orange Man unterscheidet zwei Gruppen: die süßen und die bitteren Orangen. Erstere verwendet man am häufigsten, z. B. die Navelorange oder die Blutorange. Aus der Bitterorange wird Orangeat, Marmelade oder Likör hergestellt. Orangen können wir das ganze Jahr über genießen. Sie enthalten viel Vitamin C, Folsäure und Mineralstoffe wie Kalium, Kalzium und Magnesium. Einen großen Teil des Aromas findet man in der Schale, die geraspelt verwendet wird, vorrangig in Desserts.

Pfirsich Er kommt ursprünglich aus China und ist ab Ende Mai erhältlich. Der Pfirsich ist sehr zuckerhaltig und reich an Mineralstoffen, wie z. B. Kalium. Man sollte die Exemplare auswählen, die eine dünne, fleckenfreie Haut haben. Die Nektarine (ähnlich dem Pfirsich, aber mit einer glatten, feinen und glänzenden Haut) und der Plattpfirsich (abgeflachte Form, sehr aromatisches Fruchtfleisch) sind Mutationen des Pfirsichs.

Pflaume Nach ihrer Farbe unterscheidet man die gelbe Pflaume (saftig und von zitronigem Geschmack), die rote Pflaume (süßer als die gelbe Pflaume), die schwarze Pflaume (am besten zum Kochen geeignet) und die grüne Pflaume (auch als Reineclaude bekannt, wird aufgrund ihres süßen Geschmacks geschätzt). Alle Sorten sind während der Sommermonate erhältlich.

Traube Die fleischige Frucht ist reich an Zucker und weist einen erhöhten Kaloriengehalt auf. Sie ist ab Juni erhältlich. Beim Kauf sollte man darauf achten, dass die Trauben noch fest am Stiel sitzen. Zu Hause bewahrt man sie am besten im Kühlschrank auf, wo sie bis zu 15 Tage haltbar sind. Zur vollen Geschmacksentfaltung sollte man sie jedoch 1 Stunde vor dem Verzehr aus dem Kühlschrank nehmen.

Hülsenfrüchte

Sie sind eine gute Quelle für Proteine und Kohlenhydrate. Ihr regelmäßiger Konsum leistet einen wertvollen Beitrag für die Gesundheit und kann Krankheiten vorbeugen. Ihr Proteingehalt kann stellenweise höher sein als der von Fleisch, besonders wenn es sich um getrocknete Hülsenfrüchte handelt.

Ackerbohne oder Saubohne Frische Ackerbohnen sind reich an Vitamin B und C, Kalzium und Phosphor. Man erhält sie ab Juni auf dem Markt.

Bohnen Sie sind in vielfältiger Form erhältlich (Trockenbohnen, Brechbohnen, Zuckerbohnen usw.) und reich an Ballaststoffen sowie Kalium und Eisen. Bohnen haben einen hohen Gehalt an Kohlenhydraten und liefern außerdem viele pflanzliche Proteine. Ihre Eigenschaft, den Geschmack von anderen Zutaten aufzunehmen, macht die Bohne zu einem idealen Lebensmittel für die Zubereitung von Schmorgerichten oder Gemüseeintöpfen. Vor der Verwendung sollte man sie 12 Stunden lang in kaltem Wasser einweichen. Je nachdem, welche Sorte man verwendet, müssen Bohnen 1 bis 3 Stunden lang gekocht werden (in einem Schnellkochtopf geht es schneller). Auch kann man bereits vorgeweichte und vorgegarte Bohnen verwenden. Dann reicht es, sie 30 Minuten lang zu kochen. Unter den Trockenbohnen unterscheidet man die Sorten weiße Bohnen, Feuerbohnen oder Kidney-Bohnen.

Erbsen Sie stammen aus Mittel- oder Zentralasien und haben zwischen März und Mai Saison. Die trockene Form ist das ganze Jahr über zu finden. Erbsen sind reich an B-Vitaminen sowie an Kalzium, Eisen und Natrium. Pro 100 g liefern Erbsen 78 Kalorien.

Kichererbsen Sie sind reich an Kohlenhydraten und liefern eine größere Menge an Proteinen als andere Hülsenfrüchte. Außerdem enthalten sie viele Ballaststoffe sowie Kalzium, Phosphor,

Ackerbohne oder Saubohne

Bohnen

Erbsen

Eisen, Kalium und Magnesium. Im Gegensatz zu anderen Hülsenfrüchten werden die trockenen Kichererbsen vor dem Kochen in lauwarmem Wasser statt in kaltem eingelegt, damit sie nicht hart werden. In gekochtem Zustand halten sie sich einige Tage lang, wenn man sie in einem luftdichten Gefäß im Kühlschrank aufbewahrt.

Linsen Sie stammen aus dem südöstlichen Asien. Es handelt sich um eine Hülsenfrucht, die reich ist an Kohlenhydraten, Eisen und Vitamin B, obwohl ihr Ballaststoffgehalt dem anderer Hülsenfrüchte unterlegen ist. Aufgrund ihres niedrigen Fettgehalts eignen sich Linsen hervorragend zur Senkung des Cholesterinspiegels im Blut. Es ist nicht notwendig, Linsen vor dem Kochen einzuweichen. Es reicht aus, sie einige Minuten lang mit kaltem Wasser zu bedecken, um zu verhindern, dass ihre Haut trocken wird. Man erhält Trockenlinsen abgepackt oder lose. In beiden Fällen sollten sie in ganzen Stücken vorliegen und einen frischen, etwas nussartigen Geruch verbreiten. Am bekanntesten sind rote Linsen, gelbe Linsen, braune Mini-Linsen, Tellerlinsen, grüne Mini-Linsen, Pantelleria-Linsen oder graue Berglinsen.

Soja Diese Hülsenfrucht kommt ursprünglich aus China und ist sehr proteinreich – sogar proteinreicher als Fleisch. Sie ist außerdem reich an Ballaststoffen, Kohlenhydraten und ungesättigten Fetten. Sie besitzt einen erhöhten Gehalt an Mineralstoffen wie Kalzium, Magnesium, Kalium und Phosphor und enthält außerdem die Vitamine B und E. Unter den bekannten Sojasorten unterscheidet man die rote Sojabohne, die Adzukibohne, die grüne Sojabohne oder die gelbe Sojabohne (wird in der Küche am häufigsten verwendet). Soja ist ein vielseitiges Lebensmittel, es liefert viele Produktvarianten: Mehl, Öl, Sojagetränke, Tofu, Tamari, Tempeh usw.

Kichererbsen

Linsen

Soja

Gewürze

Die meisten Gewürze stammen aus dem asiatischen Raum. Ihr Geschmack und ihr Aroma erlauben es uns, sie bei jeglicher Art kulinarischer Zubereitung einzusetzen.

Gemahlener Paprika Das Pulver wird durch das Mahlen roter, getrockneter Paprika gewonnen. Es kann süß oder scharf sein.

Gewürznelke Ein Gewürz mit besonders intensivem Geschmack. Man verwendet die Gewürznelke nur in kleinen Mengen, am Stück oder gemahlen.

Ingwer Sein zitroniger Geschmack zaubert einen interessanten Kontrast in viele Gerichte, egal ob süß oder herzhaft.

Kardamom Dieses Gewürz stammt aus Indien und verfügt über einen intensiven Zitrus-Geschmack.

Muskatnuss Der Geschmack ist als leicht zitronig, sehr aromatisch, süßlich und zugleich scharf zu beschreiben. Es gibt sie in Pulverform oder als ganze Nuss. Man würzt damit vor allem Suppen und Gemüsegerichte.

Pfeffer Er kommt ursprünglich aus Indien. Es existieren zahlreiche Sorten, die bekanntesten sind schwarzer Pfeffer, weißer Pfeffer und grüner Pfeffer.

Safran Man verwendet Safran, um Speisen Farbe und Aroma zu verleihen, zum Beispiel bei Paella, Soßen oder Schmorgerichten.

Vanille Dieses sehr intensive Gewürz erhält man in Pulverform, als Stange oder in flüssiger Form. Bei der Zubereitung von Desserts ist Vanille eine beliebte Zutat.

Zimt Er ist erhältlich als Stange, in Pulverform oder als Extrakt und wird vor allem für die Zubereitung von Desserts verwendet.

Nüsse und Trockenfrüchte

Als schmackhafte und nährstoffreiche Energiequelle sind sie eine der Basiskomponenten der veganen Ernährung. Ihr hoher Gehalt an Mineralstoffen, hochwertigen Proteinen und Fetten übertrifft einen Großteil der Gemüsesorten. Außerdem bieten sie eine kulinarische Vielfalt bei der Herstellung von Salaten, Suppen, Cremes, Schmorgerichten, Soßen und Desserts.

Cashew-Nüsse Sie stammen aus dem Amazonasgebiet. Die schmackhaften Nusskerne sind reich an Fettsäuren und Mineralstoffen wie Selen (hohe antioxidative Wirkung) oder Magnesium.

Datteln Sie gehören zu den kalorienreichsten Trockenfrüchten (227 Kalorien pro 100 g) mit einem hohen Gehalt an Zucker. Sie liefern dem Körper außerdem Kalium, Eisen und Magnesium.

Erdnüsse Sie verfügen über einen sehr hohen Gehalt an Proteinen, Folsäure und Vitamin E.

Haselnüsse Mit ihrem hohen Kaloriengehalt (566 Kalorien pro 100 g) sind Haselnüsse hervorragende Energielieferanten. Sie sind reich an Fettsäuren und Mineralstoffen wie Eisen, Kalzium und Kalium. Sie stechen außerdem durch ihren hohen Vitamin-E-Gehalt hervor und können degenerativen Erkrankungen vorbeugen.

Mandeln Sie haben einen besonders hohen Gehalt an Ballaststoffen und ungesättigten Fetten (davon profitiert das Herz-Kreislauf-System). Man kann sie roh oder geröstet verzehren. Mandelgetränke sind eine köstliche und nährstoffreiche Nahrungsergänzung.

Maronen Wenn wir unsere Figur beibehalten möchten, sind sie ein ideales Nahrungsmittel, denn sie besitzen einen niedrigen Kaloriengehalt (165 Kalorien pro 100 g). Sie haben einen vergleichsweise niedrigen glykämischen Index, was besonders für Diabetiker interessant ist.

Pinienkerne Reich an hochwertigen Proteinen und Ballaststoffen. Sie lassen sich roh oder geröstet verzehren und unterstützen den Organismus in der Genesungsphase.

Pistazien Mit 630 Kalorien pro 100 g sind sie ein guter Energielieferant. Außerdem verfügen sie über viel Vitamin A sowie Folsäure.

Rosinen Diese Trockenfrucht ist sehr nährstoffreich. Die bekanntesten Sorten sind Korinthen (hergestellt aus schwarzen, kleinbeerigen Trauben) sowie Sultaninen (hergestellt aus weißen Sultana-Trauben).

Trockenfeigen Sie sind eine hervorragende Kalium-, Kalzium- sowie Eisenquelle. Wegen ihres hohen Anteils an Ballaststoffen gelten Feigen als verdauungsfördernd.

Walnüsse Sie sind sehr kalorien- und nährstoffreich und daher besonders für die Ernährung in besonderen Belastungssituationen geeignet (Sport, Studium und Prüfungssituationen, während der Genesung von Krankheiten).

Keimlinge und Sprossen

Aufgrund ihres Vitamin- und Mineralstoffreichtums sind Keimlinge und Sprossen exzellente Nahrungsmittel. Sie fördern die Verdauung, liefern eine Menge an Antioxidantien (Vitamin C, Betacarotin usw.), haben nur wenig Kalorien und sind preisgünstig. Man kann sie Salaten beifügen oder für die Zubereitung von Soßen und Pfannengerichten verwenden.

Adzukibohne Die Keimlinge der Adzukibohne enthalten alle essentiellen Aminosäuren und liefern Eisen sowie Vitamin C.

Brokkoli Seine Sprossen enthalten viel Vitamin A, B, C, E und Mineralstoffe wie Kalium, Kalzium, Jod, Magnesium und Schwefel. Ihr Verzehr ist besonders während der Wechseljahre zu empfehlen, da sie durch ihren Gehalt an Phytoöstrogenen den Hormonhaushalt unterstützen und viel Kalzium liefern.

Lauch Seine Keimlinge sind reich an Vitamin A, B, C, E sowie den Mineralstoffen Kalzium, Phosphor, Eisen, Schwefel und Magnesium. Sie senken den Cholesterinspiegel und stärken das Immunsystem.

Linsen Diese Sprossen sind reich an Kohlenhydraten, Proteinen, Ballaststoffen, Eisen, Kalzium, Phosphor, Kalium sowie an Vitamin A, B, C und E. Sie senken den Blutzucker- und den Cholesterinspiegel.

Luzerne Möglicherweise ist dies eines der perfektesten und nährstoffreichsten Lebensmittel, die es gibt: reich an Proteinen, ungesättigten Fettsäuren und Ballaststoffen sowie an Vitamin A, C, E und den Mineralstoffen Kalium, Magnesium, Kalzium und Eisen.

Rettich Die Sprossen des Rettichs sind reich an Vitamin A und B sowie an Eisen, Kalium, Kalzium, Magnesium, Natrium und Phosphor.

Soja Die Keimlinge der Sojabohne sind erfrischend und schmackhaft, sie verfügen über einen hohen Gehalt an Proteinen und Vitaminen.

Kräuter

Sie sind preisgünstig und auch einfach anzupflanzen: Kräuter bringen eine große Vielfalt an Geschmack und Aroma mit sich, wovon die vegane Küche profitiert. Sie sind ideal für die Vervollkommnung von Salaten, Suppen, Soßen, Eintöpfen und vielem mehr und aus der veganen Küche nicht mehr wegzudenken.

Basilikum Seine Blätter – egal ob frisch oder getrocknet – veredeln viele Pasta-Gerichte sowie Gemüse und Hülsenfrüchte. Getrocknet kann Basilikum monatelang in einem luftdichten Gefäß aufbewahrt werden, frisch ist er einige Tage lang im Kühlschrank haltbar.

Dill Er ähnelt geschmacklich dem Fenchel oder dem Anis. Dill wird vorzugsweise frisch verwendet, da er im getrockneten Zustand viel von seinem Aroma einbüßt. Dill sollte mit Bedacht verwendet werden, denn er kann leicht den Geschmack aller übrigen Zutaten überdecken.

Estragon Man verwendet die Blätter (frisch oder getrocknet), die einen charakteristischen, leicht süßlichen Geschmack haben, oft für die Zubereitung von Soßen, Salaten oder Marinaden.

Fenchel Man kann sowohl die Knolle (geschnitten oder gehackt für Salate und Suppen) als auch die Blätter (zum Würzen von Schmorgerichten) verarbeiten.

Kerbel Mit seinem feinen, süßlichen Geschmack wird Kerbel oft in der französischen Küche eingesetzt. Er eignet sich gut zum Würzen von Suppen, Soßen und Salat.

Koriander Vom Geschmack her ist er der Petersilie sehr ähnlich, jedoch etwas intensiver. Mit seinen Samen, ganz oder gemahlen, wird ein besonderes Aroma erzielt.

Lorbeer Die Blätter können frisch oder getrocknet eingesetzt werden und sind zum Würzen jeder Art von Suppen, Soßen oder Schmorgerichten geeignet.

Minze Mit dem intensiven Chlorophyll-Geschmack der Minzblätter lassen sich zahlreiche Rezepte auf besondere Art verfeinern.

Oregano Dieses typisch italienische Küchenkraut passt wunderbar zu vielen Gerichten.

Petersilie Sie gehört zu den bekanntesten aromatischen Kräutern. Petersilie wird oft zum Würzen von Gerichten jeder Art verwendet. Gut zu wissen: Der Stängel liefert weitaus mehr Geschmack und Aroma als die Blätter.

Rosmarin Er wird besser getrocknet verwendet, da frischer Rosmarin einen leicht bitteren Geschmack hat. Rosmarin ist ein ideales Würzmittel für Reisgerichte.

Salbei In der italienischen Küche ist Salbei sehr beliebt. Im Gegensatz zum Rosmarin ist es beim Salbei empfehlenswert, die frischen Blätter zu verwenden, um in den Genuss des vollen Aromas zu kommen.

Thymian Seine kleinen Blättchen bringen einen intensiven, leicht herben Geschmack in Suppen, Schmorgerichte oder Soßen.

Getreide

Egal ob in Körnerform, als Flocken, Samen oder in Nudeln – Getreide besetzt den ersten Platz in der veganen Ernährungspyramide. Es liefert eine große Menge an Kohlenhydraten und reguliert die Verdauung (durch seine Ballaststoffe). In Kombination mit Gemüse kann Getreide wunderbar Fleisch ersetzen, da es über einen hohen Anteil an biologisch hochwertigen Proteinen verfügt. Zudem ist Getreide reich an Mineralstoffen wie Kalzium, Phosphor, Eisen und Kalium. Es liefert alle B-Vitamine sowie Vitamin E.

Buchweizen Er ist sehr energie- und nährstoffreich und enthält kein Gluten. Buchweizen kann in Form von Körnern, Flocken oder als Mehl verwendet werden.

Reis Dieser vielseitige und glutenfreie Lieferant von Kohlenhydraten und Proteinen kann auf verschiedene Weise zubereitet werden. Im Handel sind zahlreiche Sorten erhältlich.

Hafer Er wird in der Regel in Form von Flocken oder als Getränk angeboten. Hafer ist reich an Proteinen, Fetten und Kohlenhydraten und liefert viele Kalorien (335 Kalorien pro 100 g).

Mais Er ist reich an Kohlenhydraten, Vitamin B und Ballaststoffen. Mais ist glutenfrei und kann frisch (in Körnerform, als Maiskolben) oder als Mehl verwendet werden.

Gerste Sie kann in Form von Körnern, Flocken oder als Getränk verzehrt werden. Der erhöhte Gehalt an gesunden Ballaststoffen macht die Gerste zu einem nützlichen Antagonisten des ungesunden LDL-Cholesterins.

Weizen Er liefert etwa 10 % Proteine und ist außerdem reich an den Mineralstoffen Selen, Magnesium, Eisen und Kupfer sowie an Vitamin B. Aus den Körnern wird Couscous, Bulgur oder Seitan (Fleischersatz aus Weizen) hergestellt.

Roggen Reich an Ballaststoffen, Eisen und E-Vitaminen, wird Roggen hauptsächlich zum Backen von Brot verwendet.

Quinoa Dieses Getreide ist geschmacklich dem Vollkornreis sehr ähnlich. Es handelt sich um ein glutenfreies Getreide, das viele Kohlenhydrate, Ballaststoffe und hochwertige Proteine liefert.

Hirse Sie ist reich an Vitamin A, Eisen und Phospor und in Form von Körnern oder als Flocken erhältlich.

Salzige Soßen und Würzmittel

Sie geben zahlreichen Gerichten im Hinblick auf Geschmack und Aroma den letzten Schliff und sind daher zum Würzen und Verfeinern aus keiner Küche wegzudenken.

Algen Wakame-Algen, süße Algen, Kombu-Algen, Nori-Algen, Agar Agar ... Es gibt viele verschiedene leckere und gesunde Sorten, die man sehr gut mit Getreide, Gemüse und Hülsenfrüchten kombinieren oder für Salat oder Suppen verwenden kann.

Essig Ein häufig verwendetes Würzmittel, mit dem viele Gerichte geschmacklich abgerundet werden können. Es gibt verschiedene Sorten: Weinessig (weiß und rot), Branntweinessig, Apfelessig, Reisessig usw.

Gomasio Ein Würzmittel, das aus Sesamsamen und Meeressalz hergestellt wird. Es ist reich an Mineralstoffen, ungesättigten Fettsäuren, Lezithin, Vitaminen und Proteinen. Man kann es auch selbst ganz leicht herstellen, indem man eine Mischung aus 1 Esslöffel Salz und 10–15 Esslöffeln Sesamsamen herstellt, die anschließend in einer Pfanne geröstet wird.

Kapern Sie sind eine kalorienarme und gesunde Zutat für alle Arten von Salaten. Kapern sind außerdem reich an ungesättigten Fettsäuren.

Miso Es handelt sich um eine gegärte Mischung aus Soja und Meersalz. Man kann dieses Würzmittel von cremiger Konsistenz für Salate und Reisgerichte verwenden.

Öl Unter allen Pflanzenölen ist Olivenöl aufgrund seiner Vorteile für die Gesundheit unbedingt zu empfehlen. Es ist reich an ungesättigten Fettsäuren und liefert die Vitamine A und E. Weitere wertvolle Pflanzenöle sind Sonnenblumenöl, Sojaöl, Sesamöl oder Maisöl.

Umeboshi-Pflaumen Eine fermentierte Pflaumensorte, die oft in der chinesischen und japanischen Küche verwendet wird. Sie liefert die doppelte Menge an Proteinen und Mineralien als andere Früchte. Man erhält sie in Bioläden, lose oder in Einmachgläsern. Man kann sie pur essen oder zerkleinert als Zutat von Suppen oder Salaten verwenden.

Salz Es ist in verschiedenen Formen und Körnungen erhältlich und als wertvolle Mineralstoffquelle bekannt. Insbesondere bei erhöhtem Blutdruck und Kreislaufproblemen sollte Salz nur sparsam eingesetzt werden.

Sojasoße Dieses wichtige Würzmittel der chinesischen und japanischen Küche wird durch Fermentation von Sojabohnen hergestellt. Sojasoße wird zum Salzen von Gerichten verwendet, die dadurch gleichzeitig einen leicht süßlichen Geschmack erhalten.

Wasabi Diese Creme wird aus Rettich hergestellt und hat ihren Ursprung in Japan. Sie ist sehr geschmacksintensiv und scharf.

Süße Soßen und Würzmittel

Ahornsirup Er wird aus dem Pflanzensaft des Ahorns hergestellt, ein Baum, der seinen Ursprung in Kanada und im Norden Amerikas hat. Ahornsirup ist ein kräftiges Süßungsmittel und reich an Mineralstoffen (besonders Kalium und Magnesium) und Vitamin E.

Pflanzliche Getränke Sie sind aus Reis, Soja, Hafer oder Mandeln, laktosefrei und liefern viele Nährstoffe (Proteine, Kohlenhydrate, Mineralstoffe und Vitamine). Diese Getränke bieten eine mit Kuhmilch vergleichbare kulinarische Vielfalt. So kann man mit ihnen Desserts, Soßen, Cremes, Suppen oder Shakes herstellen. Einmal geöffnet, sollte man sie im Kühlschrank aufbewahren und innerhalb von maximal 3–4 Tagen verbrauchen.

Zucker Vorzugsweise verwendet man Vollrohrzucker oder braunen Rohrzucker. Sie liefern weniger Kalorien als weißer Zucker und sind vergleichsweise reich an Vitaminen und Mineralstoffen, die durch das Raffinieren verloren gehen.

Weitere Zutaten

Bierhefe Dieses energiespendende Nahrungsmittel hat einen hohen Anteil an Proteinen und ist daher für die vegane Ernährung sehr wertvoll. Besonders Teenager profitieren in ihrer Entwicklung von seinem hohen Gehalt an Mineralstoffen, wie z. B. Zink.

Seitan Wird aus Weizen hergestellt, ist sehr proteinreich, zugleich kalorienarm und wird in der veganen Ernährung daher als Basisnahrungsmittel betrachtet. Es ist in der Regel in Kugelform, von dunkelbrauner Farbe und in fester, jedoch leicht formbarer Konsistenz erhältlich. Man kann es ähnlich wie Fleisch in der Pfanne braten, panieren, grillen, schmoren oder zu einer Füllung verarbeiten.

Tempeh Wird durch Fermentation von Sojasprossen gewonnen und eignet sich sowohl als Salatbeilage als auch als Bestandteil von Suppen, Cremes, Schmor- oder Nudelgerichten.

Tofu Der Quark oder Käse aus Sojabohnen ist ein besonders guter Fleischersatz, da er reich an Proteinen ist. Tofu kann auf verschiedenste Weise verwendet werden, z. B. als Tofu-Hamburger, als Beilage zu Salaten oder in Kombination mit Gemüse.

Weizenkeime Ihre außerordentlich hohe Konzentration an Vitamin E macht sie zu einem starken Antioxidans. Sie eignen sich daher ideal für Personen, die hohen körperlichen Belastungen ausgesetzt sind oder sich in der Genesungsphase befinden. Man kann Weizenkeime in Form von Flocken oder als Granulat verwenden und gut mit anderen Getreidesorten kombinieren.

Lebensmittel und Inhaltsstoffe tierischen Ursprungs

Wer sich konsequent vegan ernähren möchte, hat es oft schwer, sich einen sicheren Überblick über den Ursprung von Lebensmittelinhaltsstoffen zu verschaffen. Der Gesetzgeber verlangt zwar eine genaue Auflistung aller Inhalts-, Konservierungs-, Farb- und Zusatzstoffe auf der Verpackung, jedoch sind viele Bezeichnungen nicht ohne Weiteres verständlich. Das folgende Glossar soll helfen, Inhaltsstoffe tierischen Ursprungs zu bestimmen, um diese künftig meiden zu können.

- **Karminsäure (E120)** Ein Pigment, das aus Cochenilleläusen gewonnen wird und häufig als Farbstoff für Lebensmittel und Getränke eingesetzt wird.

- **Ölsäure** Eine Flüssigkeit, die durch Pressen von tierischen Fetten gewonnen wird. Man verwendet sie zur Herstellung von Margarine.

- **Milchsäure (E270)** Eine Säure, die durch Fermentation von Zucker und Milch hergestellt wird. Häufig wird sie Konfitüren, kohlensäurehaltigen Getränken oder Soßen zugesetzt.

- **Albumin** Ein Bindemittel, das aus Hühnereiweiß hergestellt wird.

- **Fischleim** Eine Gelatine, die aus den Kiefern von Fischen gewonnen wird. Taucht oft als Zusatzstoff bei kohlensäurehaltigen Getränken oder bei Gelees auf.

- **Gelatine** Wird aus Tiergewebe, besonders aus Schweinen und Rindern, gewonnen und für die Herstellung von Konfitüren, Gebäck und gallertartigen Pasten verwendet.

- **Glyzerin** Eine durchsichtige, farblose Flüssigkeit, die aus tierischen Fetten gewonnen werden kann. Es wird gerne zur Aufrechterhaltung der Feuchtigkeit von Lebensmitteln verwendet, um deren Struktur und Geschmack zu verbessern.

- **Laktose** oder Milchzucker. Sie wird als Süßungsmittel verwendet.

- **Lezithin** Fettige Substanz, teils tierischen Ursprungs und als Emulgator bei der Herstellung von Backwaren oder Konfitüre eingesetzt.

- **Molke** Ein Milch-Derivat, gewonnen durch die Entfernung von Kasein und Fett. Ein häufiger Bestandteil von Margarine, Keksen oder Snacks.

Die Küchenausstattung

Die Zubereitung veganer Gerichte ist recht einfach, dennoch kann man sich mithilfe einiger Küchengeräte die Arbeit erleichtern. Vor allem sollte man die verschiedenen Messerarten zu schätzen wissen, denn oft muss Gemüse, Obst usw. geschält, geschnitten, gehackt oder geraspelt werden. Diese Vorgänge werden oft wiederholt, daher macht es durchaus Sinn, in qualitativ hochwertige Messer und Reiben zu investieren.

Dampfkochsieb Es kann aus Metall oder Bambus sein und wird zum schonenden Dampfgaren verwendet, ohne dass die Lebensmittel mit Wasser in Berührung kommen. So bleibt Gemüse besonders knackig und geschmacksintensiv und es bleiben viele seiner Nährstoffe erhalten.

Handrührgerät Dieses praktische Hilfsmittel kann von Hand oder elektrisch betrieben werden. Es eignet sich zum Schlagen von Cremes.

Küchenschere Zum Schneiden von frischen Kräutern und Obststücken. Aus Gründen der Haltbarkeit und des Geschmacks sollten Sie eine Schere aus rostfreiem Stahl verwenden.

Messbecher Am besten aus Glas, zum Abmessen von pulverförmigen Zutaten und Flüssigkeiten.

Messer Sie sind für den veganen Koch unabdingbar! Gute Qualität zahlt sich hier aus. Beginnen Sie mit einer hochwertigen Grundausstattung und erweitern Sie das Sortiment dann nach und nach je nach Bedarf.

Chefmesser Die Klinge ist etwa 20 bis 25 cm lang, es ist unten breit und läuft zur Spitze dünn aus. Der Name stammt sicherlich daher, dass jeder Chefkoch ein solches Messer besitzt und es als unverzichtbares Hilfsmittel bezeichnen würde. Die leicht bogenförmig zulaufende Klinge erlaubt rhythmische Bewegungen auf dem Schneidegut.

Gemüseschäler Er hat in der Mitte eine Öffnung, die es erlaubt, jede Art von Gemüse (Karotten, Kartoffeln usw.) oder Zitrusfrüchten zu schälen.

Sägemesser Die Klinge weist Zacken auf, ist lang und gerade und misst etwa 20 bis 30 cm. Damit kann Obst und Gemüse mit härterer Schale (z. B. Zitronen) einfach zerkleinert werden.

Schneidemesser Die Klinge misst zwischen 11 und 20 cm. Es eignet sich gut zum Schälen von Obst sowie zum Schneiden von Salaten oder Gemüse.

Spitzmesser Es handelt sich um ein kleines Messer mit einer 7 bis 10 cm langen Klinge, das sich gut zum Schälen, Ausnehmen und Kleinschneiden von kleinen Früchten eignet. Die feine Spitze ermöglicht ein sehr sorgfältiges Arbeiten, besonders wenn man Gemüse, Obst oder Salate dekorativ schneiden und anrichten möchte.

Tomatenmesser Es hat eine Sägeklinge und ist 11 bis 13 cm lang. Gut geeignet zum Enthäuten und Zerkleinern von Tomaten. Einige Modelle haben eine gegabelte Klinge, um einen möglichst feinen Schnitt zu gewährleisten.

Tourniermesser Es verfügt über ein 5 bis 7 cm langes Schneideblatt, das in Form eines Vogelschnabels gebogen ist und eignet sich zum dekorativen und sauberen Schneiden von Obst und Gemüse.

Wiegemesser Mit halbmondförmiger Klinge, hervorragend geeignet zum Zerkleinern von Kräutern und Trockenfrüchten. Es wird über dem Schneidegut hin und her gewiegt.

Mörser Es handelt sich um ein stabiles Gefäß, in dem Würzmittel, Samen oder Trockenfrüchte zermahlen oder vermischt werden können.

Passiersieb Wird aus rostfreiem Stahl hergestellt und ist ideal für die Zubereitung jeder Art von Püree (Gemüse, Hülsenfrüchte, Obst). Es eignet sich auch hervorragend zur Herstellung von Soßen und Suppen.

Pfannen Es empfiehlt sich, Modelle aus rostfreiem Stahl oder beschichtetem Aluminium zu wählen, in denen der Pfanneninhalt nicht anklebt. Bestenfalls besitzt man zwei oder drei verschiedene Größen (zwischen 25 und 35 cm Durchmesser).

Reiben Sie sind flach oder in Kastenform in verschiedenen Größen erhältlich und eignen sich zum Raspeln und Reiben jeder Art von Gemüse oder Obst.

Saftpresse Bei der Zubereitung von veganen Gerichten wird häufig Zitronen- oder Orangensaft verwendet. Eine Saftpresse braucht wenig Platz und kann manuell betrieben werden.

Schneidebrett Es kann aus Holz oder Plastik sein. Ideal ist ein Schneidebrett mit einer kleinen Kerbe am Rand, wo die beim Schneiden ausgetretene Flüssigkeit aufgefangen werden kann.

Sieb Man unterscheidet verschiedene Arten:

Abtropfsieb Aufgrund der praktischen Sieblöcher kann Kochwasser von Gemüse oder Nudeln leicht ablaufen.

Sieb mit Griff Ist in verschiedenen Größen erhältlich und halbkugelförmig. Je nachdem wie fein es ist, eignet es sich gut zum Sieben von Mehl oder Zucker und zum Waschen oder Abschütten von Obst und Gemüse.

Spitzsieb Ein trichterförmiges Sieb, das zum Filtern von Brühen, Cremes und Soßen verwendet wird.

Schüsseln Eines der am meisten verwendeten Küchenutensilien. Sie sind sehr vielseitig einsetzbar und in verschiedenen Materialien erhältlich, je nachdem, wofür man sie verwenden möchte:

Aus Glas Leicht zu reinigen und für verschiedenste Zutaten verwendbar. Gefrier-, mikrowellen- und spülmaschinengeeignet. Es ist ratsam, Glasschüsseln zu verwenden, die für einen breiten Temperaturbereich geeignet sind und sowohl hohe als auch tiefe Temperaturen aushalten können.

Aus Keramik Gut geeignet, wenn die Zutataen langsam Zimmertemperatur annehmen, abkühlen oder über längere Zeit ihre Temperatur beibehalten sollen.

Aus Melanin Einfach zu reinigen, leicht und reaktionsresistent gegen Fruchtsäuren.

Aus rostfreiem Stahl Sie werden seltener in der Küche verwendet. Man sollte sie nicht in die Geschirrspülmaschine stellen und Flüssigkeiten nicht lange in ihnen aufbewahren.

Töpfe/Auflaufformen In der Regel ist es sinnvoll, drei verschiedene Größen vorrätig zu haben: einen großen Topf zum Garen von Gemüse, Brühe, Hülsenfrüchten oder Nudeln, einen mittleren sowie einen kleinen für Soßen. Sie können aus folgenden Materialien sein:

Aus Aluminium und Stahl Aluminium ist ein leichtes Material, aber nicht säureresistent. Aluminiumtöpfe sollten mit einer Schicht rostfreiem Stahl überzogen sein.

Aus beschichtetem Stahl Glatt und emailliert, erwärmt sich langsam und gleichmäßig, hält die Wärme lange.

Aus Kupfer Das Material eignet sich gut zum schnellen Erhitzen oder Abkühlen der Zutaten.

Aus rostfreiem Stahl Stabil und leicht zu säubern. Das Material ist lange haltbar und die Töpfe sind spülmaschinenfest.

Aus Ton Keramikgeschirr eignet sich gut, um Schmorgerichte herzustellen, die langsam gekocht oder im Ofen gebacken werden.

Waage In den Rezepten wird meist eine genaue Mengenangabe ausgewiesen. Mit einer Waage lässt sich die Menge genau abmessen. Bei der Herstellung von Desserts ist es sehr wichtig, sich exakt an die Mengenangaben zu halten.

Salatschleuder Zum Schleudern von Salatblättern, die dann länger knackig bleiben, und zum schnellen Trocknen von Gemüse. Im Handel sind Modelle in verschiedenen Designs und Funktionsweisen (mit einer Kurbel oder elektrisch) erhältlich.

Elektrische Küchengeräte

Einige elektrische Küchengeräte sind eine große Hilfe. Sie sind meist nicht ganz billig, dennoch ist ihre Anschaffung sinnvoll, wenn man Gerichte einfach und schnell zubereiten möchte:

- **Küchenmaschine** Ein großes Küchengerät, das aufgrund seines Platzbedarfs nicht unbedingt für kleine Küchen geeignet ist. Dennoch ist es sinnvoll, da es zahlreiche Funktionen bietet (schneiden, mischen, vermengen, kochen, dünsten oder dampfgaren) und die Zubereitung vieler Speisen erleichtert.

- **Langsamkocher** Zum langsamen Garen und Erwärmen, mit einem Fassungsvermögen von 1 bis 7 Litern.

- **Mixer** Mit Glasbehälter oder als Handmixer. Ein praktisches Küchengerät, zum Vermischen und Schlagen von Lebensmittel von weicher Beschaffenheit.

- **Saftpresse** Ein guter Helfer zur Herstellung von Obst- und Gemüsesäften. Ideal zur Gewinnung der Ausgangsstoffe für leckere vegane Cocktails!

- **Standmixer** Unabdingbar bei der Zubereitung von Suppen, Soßen, Säften oder Shakes. Es gibt eine große Auswahl an Modellen von unterschiedlicher Stärke.

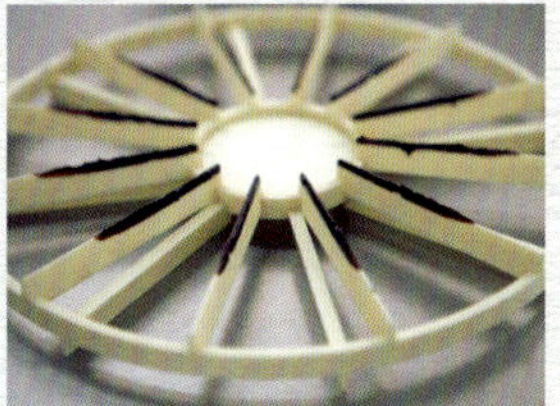

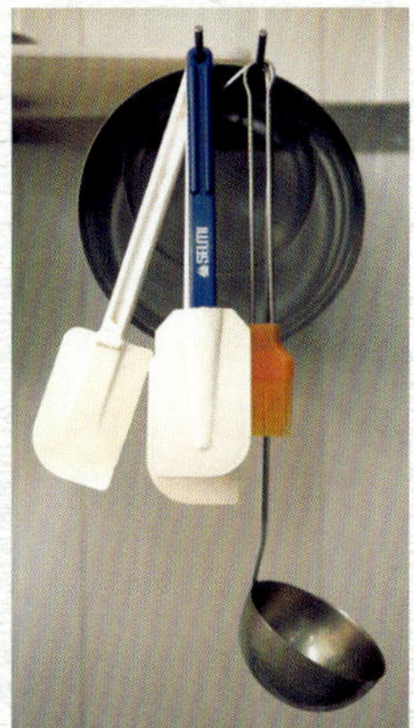

Grundlegende Zubereitungstechniken

Bei der Zubereitung veganer Gerichte ist die Kenntnis schonender Verarbeitungstechniken, bei denen die Nährstoffe der Zutaten weitgehend erhalten bleiben, sinnvoll. Je nach Garmethode unterscheidet man unterschiedliche Techniken:

Garen ohne Flüssigkeit

Auf dem Grill Das Geheimnis dieser Technik liegt in der Temperatur. Wenn etwas gegrillt wird, ist besonders auf den Hitzegrad zu achten, damit nichts anbrennt oder am Ende zu stark austrocknet. Die Art der Hitzequelle hat ebenfalls Einfluss auf die gegrillten Lebensmittel: elektrisch, mit Gas, mit Holz oder mit Kohle.

Gratinieren Hierbei werden die Zutaten im Ofen überbacken. In der Regel werden Nudelgerichte, Gemüsegerichte oder Soufflés gratiniert.

Im Backofen garen Im Backofen können verschiedene Techniken angewendet werden: Grillen, Garen mit Butter und Öl, in Papier eingewickelt, Garen im Salzbett. Dabei müssen stets Temperatur und Backzeit kontrolliert werden.

In der Pfanne Beim Braten in der Pfanne ist eine gleichmäßige Verteilung der Hitze von großer Wichtigkeit. So wird das Bratgut von außen knusprig und bleibt innen schön saftig. Ohne Fett und Öl erhält man das gesündeste Ergebnis. In der Pfanne können Tempeh, Seitan, Tofu und jede Art von Gemüse oder Hülsenfrüchten gebraten werden.

Im Wasserbad Eine indirekte Form des Garens bei ausgewogener und konstanter Temperatur, die sich für Zutaten anbietet, die leicht anbrennen. In der Regel gilt: Je empfindlicher die Zutaten sind, desto sanfter sollte der Garvorgang sein. Beim Garen im Wasserbad werden die Zutaten in ein Gefäß gegeben, das wiederum in einen größeren, mit Wasser gefüllten Topf gestellt wird. Möchte man ein gutes Ergebnis erzielen, sollte nur wenig Wasser verwendet werden, um einen Kontakt mit den Zutaten zu vermeiden.

Garen mit wenig Flüssigkeit

Blanchieren Bei diesem kurzen Garvorgang in reichlich kochendem Wasser beläuft sich die Kochzeit je nach Zutat auf wenige Sekunden bis zu 2 Minuten. Danach sollte das Gargut unter kaltem Wasser abgeschreckt werden. In der Regel blanchiert man Gemüse oder Hülsenfrüchte, um zu verhindern, dass sie beim Schälen oder Zerkleinern dunkel anlaufen oder ihre Beschaffenheit, ihr Aroma oder ihre Vitamine einbüßen. Zum Blanchieren benötigt man einen Topf mit kochendem Wasser sowie ein weiteres Gefäß von vergleichbarer Größe mit kaltem Wasser zum Abschrecken (gerne auch mit Eiswürfeln, damit das Wasser ausreichend kalt ist).

Dampfgaren Bei dieser Technik bleiben die Nährstoffe der Zutaten weitgehend erhalten. Man gart die Speisen im Dampfbad ohne direkten Kontakt mit dem Wasser. Dabei kann auf die Zugabe von Fett verzichtet werden. Geschmack, ursprüngliche Beschaffenheit sowie das Aroma der Zutaten bleiben erhalten. Dampfgaren erfolgt in einem Sieb aus Metall oder Bambus, das auf einen Topf mit Wasser gestellt wird. Im Handel sind auch elektrische Dampfkocher erhältlich, bei denen Kochzeit und Temperatur einprogrammiert werden können. Für die Zubereitung von Brokkoli, Artischocken oder Gartenbohnen ist diese Garmethode hervorragend geeignet.

THE
FUTURE
IS IN

Garen im weißen Sud Einige Gemüsesorten (Artischocken, Chicorée, Algen) oxidieren und färben sich dunkel, wenn man sie zerkleinert. Um das zu verhindern, kann man sie in einem Sud aus 1 Esslöffel Mehl, 1 Esslöffel Zitronensaft und 2 Litern Wasser garen, wodurch das Oxidieren verhindert wird.

Kochen im Wasser Eine der üblichsten Kochtechniken. Manche Zutaten sollen in kaltes Wasser (z. B. Hülsenfrüchte), andere in siedendes Wasser gegeben werden. Durch die Hitze werden jedoch viele Nährstoffe, insbesondere Vitamine, herausgelöst und bleiben im Kochwasser zurück. Daher bietet es sich an, das Kochwasser weiterzuverwenden, beispielsweise um damit eine Suppe oder Soße herzustellen.

Pochieren Im Gegensatz zum Blanchieren werden die Zutaten kurz vor dem Sieden (bei 80 °C) ins Wasser gegeben.

Garen mit Fett

Anbraten Diese schnelle Technik wird oft zur Zubereitung von Schmorgemüse oder Soßen angewendet, immer bevor ein langer Kochvorgang begonnen werden soll. Dazu wird eine Pfanne oder ein Schmortopf stark erhitzt (jedoch nicht über 100 °C). Die Zutaten werden klein geschnitten in den Topf oder die Pfanne gegeben und mit wenig Öl befeuchtet. Zur gleichmäßigen Hitzeverteilung und um ein Anbrennen zu vermeiden, muss ständig gerührt werden.

Anbräunen Man brät die Zutaten in der Pfanne an, röstet sie auf dem Grill oder im Backofen, bis sie goldbraun sind.

Braten/Frittieren Eine schnelle und geschmackgebende Garmethode, jedoch auch die ungesündeste. Dabei nehmen die Zutaten viel Fett auf, was sie sehr kalorienhaltig macht. Am besten verwendet man zum Braten Olivenöl, da es hitzebeständiger ist als andere Öle und in vergleichsweise geringerem Maße vom Bratgut aufgesaugt wird.

In der Pfanne schwenken Für diese Technik benötigt man eine große Pfanne, die es erlaubt, die Zutaten in einer Schicht anzubraten. Außerdem sollte die Pfanne hoch sein, damit die Lebensmittel beim Schwenken nicht über den Rand gelangen. Man verwendet wenig Öl und schwenkt die Zutaten für kurze Zeit unter starker Hitzezufuhr. Damit alles gleichmäßig angebraten wird und nichts anbrennt, sollte der Inhalt permanent umgerührt werden. Bei dieser Methode fasst man die Pfanne fest am Griff und schwenkt sie kräftig vor und zurück. Alternativ kann die Pfanne auf der Kochstelle bleiben und die Zutaten werden mit einem Pfannenwender gerührt.

Leicht anbraten Hierbei geht man ähnlich vor wie beim Anbraten, jedoch setzt man die Zutaten einer geringeren Hitze aus, sodass sie langsam und nach und nach angebraten werden.

Mischtechniken

Dünsten Diese Methode ist ein langsamer Garvorgang, der für jede Art von Gemüse oder Hülsenfrüchte geeignet ist. Ein vorheriges Anbraten ist nicht notwendig.

Schmoren Eine kombinierte Technik aus Braten mit wenig Fett (Öl) und anschließendem Garen mit wenig Flüssigkeit (Wasser). Zunächst werden die Zutaten leicht angebraten und dann mit etwas Brühe oder Soße abgelöscht. Im Anschluss erfolgt ein Garvorgang bei geringer Hitzezufuhr. Diese Methode wird häufig verwendet, um exquisite Löffelgerichte zuzubereiten.

Weg mit den Mythen!

Der Veganismus ist mit vielen Mythen behaftet, die mit der Realität nicht viel zu tun haben. Nachfolgend sollen einige Vorurteile näher untersucht werden.

Die vegane Ernährung kann Blutarmut zur Folge haben: FALSCH
Es ist richtig, dass die vegane Küche nur wenig Vitamin B12 zur Verfügung stellt (ein Vitamin, das hauptsächlich in tierischen Lebensmitteln vorhanden ist), was eine mangelhafte Versorgung mit Vitamin B12 nach sich ziehen kann. Die *Vegan Society* rät zu folgenden Maßnahmen, um diesem Mangel vorzubeugen:

- 2- bis 3-mal am Tag bewusst Vitamin-B12-haltige Lebensmittel verzehren, um auf mindestens 3 Mikrogramm täglich zu kommen.
- Täglich eine Vitamin-B12-haltige Nahrungsergänzung einnehmen, die mindestens 10 Mikrogramm des besagten Vitamins enthält.
- Wöchentlich ein Vitalstoffprodukt einnehmen, das mindestens 2000 Mikrogramm Vitamin B12 enthält.

Veganer, die bewusst darauf achten, ausreichend Vitamin B12 über Vitalstoffprodukte zu beziehen, können in der Regel einen Vitamin-B12-Mangel vermeiden.

Für Kinder ist eine vegane Ernährung nicht geeignet: FALSCH
Die vegane Ernährungsform liefert eine ausreichende Vielfalt an Nährstoffen, damit Kinder gesund und stark heranwachsen können. Der regelmäßige Verzehr energiereicher Nahrungsmittel (Getreide, Trockenfrüchte, Hülsenfrüchte) in Kombination mit Obst und Gemüse stellt auch für den kindlichen Organismus den täglichen Proteinbedarf sicher.

Milch und Milchprodukte sind eine essenzielle Kalzium-Quelle: RICHTIG
Auch vegane Lebensmittel wie Getreide, Algen, Trockenfrüchte oder Hülsenfrüchte verfügen über einen hohen Kalzium-Gehalt und enthalten dabei weder gesättigte Fette noch Cholesterin.

Fleisch ist die beste Eisenquelle: FALSCH
Eisen ist ebenso in Getreide, Trockenfrüchten, grünem Gemüse oder Tofu enthalten. Also kann man getrost auf den Verzehr von Fleisch verzichten, ohne die Gefahr eines Eisenmangels.

Die vegane Ernährungsform bietet zu wenig Abwechslung: FALSCH
Das beste Beispiel, um dieses Gerücht zu widerlegen, halten Sie in den Händen – dieses Buch, das eine Fülle von Rezepten bietet. Täglich kann zwischen vielfältigen salzigen oder süßen Gerichten ausgewählt werden. Kochen, egal ob vegan oder nicht, ist letztendlich eine Frage der Kreativität. Und dieser sind bei der Zusammenstellung verschiedener Nahrungsmittel keine Grenzen gesetzt.

Es ist nicht einfach, Veganer zu werden: FALSCH
Dieses Buch rät Ihnen dazu, nach und nach Ihre Ernährung umzustellen. Eine konsequente vegane Ernährungsform wird sich dann im Lauf der Zeit von ganz alleine ohne besondere Anstrengung durchsetzen.

Alle Veganer gehören der Tierschutzbewegung an: FALSCH
Viele Menschen, die sich aktiv für den Tierschutz einsetzen, verzichten aus ethischen Gründen auf Fleisch. Jedoch kann man sich auch der Gesundheit zuliebe, aus Respekt und Rücksicht auf den Planeten Erde oder aus purem Genuss für eine vegane Ernährung entscheiden.

Hummus mit Selleriestreifen

6 Personen, 20 Minuten, Schwierigkeitsgrad *

Zutaten

2 Knoblauchzehen
500 g Kichererbsen, gekocht
½ TL Kümmel, gemahlen
2 EL Tahina
Saft von 2 Zitronen
3 EL Olivenöl
3 Stangen Sellerie
1 TL Paprikapulver, geräuchert
Salz und Pfeffer

1. Den Knoblauch abziehen und fein hacken. Mit den Kichererbsen, dem Kümmel, der Tahina, dem Zitronensaft, 2 EL Öl und 6 EL Wasser in ein hohes Gefäß geben. Die Mischung mit dem Pürierstab zu einer Creme verarbeiten und mit Salz und Pfeffer abschmecken.

2. Den Sellerie waschen, putzen und in mundgerechte Streifen schneiden.

3. Den Hummus mit etwas Olivenöl beträufeln und mit Paprikapulver bestreuen. Zusammen mit den Selleriestreifen servieren.

Tahina **ist eine leckere Sesampaste, die man auch ganz einfach selbst herstellen kann. Dazu röstet man unter ständigem Wenden einige Sesamsamen in einer heißen Pfanne ohne Öl an. Danach werden die Samen im Mörser vorsichtig zermahlen, wobei nach und nach etwas Wasser hinzugefügt wird, bis die Paste die gewünschte Konsistenz hat.**

Baba Ghanoush

6 Personen, 30 Minuten, Schwierigkeitsgrad *

1. Die ganzen Auberginen auf dem Grill garen, dabei von Zeit zu Zeit wenden.

2. Den Knoblauch abziehen und fein hacken. Mit dem Zitronensaft, der Tahina, ca. 1 TL Salz und dem Sonnenblumenöl in ein hohes Gefäß geben.

3. Die gegarten Auberginen enthäuten und in Stücke schneiden. Zu den anderen Zutaten in das hohe Gefäß geben und alles mit dem Pürierstab pürieren.

4. Das Baba Ghanoush vor dem Servieren mit etwas Olivenöl beträufeln und mit einer Prise Paprikapulver bestreuen.

Zutaten

2 Auberginen
2 Knoblauchzehen
Saft von 1 Zitrone
3 EL Tahina
3 EL Sonnenblumenöl
Olivenöl
Paprikapulver
Salz

Baba Ghanoush **ist eine köstliche Auberginenpaste aus der arabischen Küchentradition. Es passt gut zu Pita-Brot oder Toast.**

Tipp

Man kann die Auberginen bei einer Temperatur von 180 °C auch im Ofen garen.

Champignon-Nuss-Pastete

6 Personen, 20 Minuten, Schwierigkeitsgrad *

Zutaten
1 Zwiebel
3 Knoblauchzehen
500 g Champignons
1 EL Olivenöl
80 g Haselnüsse, geschält
1 TL Bierhefe
Salz und Pfeffer

1. Die Zwiebel und den Knoblauch abziehen und beides in feine Scheiben schneiden.
2. Die Champignons putzen und in Streifen schneiden. Das Öl in einer Pfanne erhitzen und die Zwiebel und den Knoblauch bei geringer Hitzezufuhr 2 Minuten lang darin bräunen.
3. Die Champignons in die Pfanne geben und bei mittlerer Hitze mitbraten, bis sie schön braun sind.
4. Die Nüsse auf ein Backblech geben und im Ofen bei 180 °C rösten.
5. Den Pfanneninhalt in ein hohes Gefäß geben. Die Bierhefe sowie etwas Salz und Pfeffer hinzugeben und alles mit dem Pürierstab pürieren.
6. Die gerösteten Nüsse dazugeben und alles mit dem Pürierstab zu einer feinen Masse verarbeiten.
7. Die Pastete mit einigen Scheiben Brot servieren.

Champignons **sollten unter fließendem Wasser gereinigt werden, bis alle Schmutz- und Erdreste beseitigt sind. Gründlich gesäubert und getrocknet kann man Champignons auch roh im Salat verzehren oder mit etwas Olivenöl angebraten servieren.**

Lauch-Pinienkern-Pastete

6 Personen, 40 Minuten, Schwierigkeitsgrad *

1. Den Backofen auf 180 °C vorheizen. Eine Auflaufform mit Sonnenblumenöl einfetten. Den Tofu würfeln und hineingeben. 25 Minuten in den Backofen stellen.

2. Den Lauch waschen, putzen und in Scheiben schneiden. In einer Pfanne mit Öl glasig braten.

3. Die Pinienkerne auf ein Backblech geben und im Ofen bei 180 °C ca. 1 Minute lang anrösten.

4. Den Lauch und den Tofu in ein hohes Gefäß geben. Die Bierhefe, die Sojasoße und den abgezogenen und zerkleinerten Knoblauch dazugeben. Mit Salz und Pfeffer abschmecken.

5. Die Pinienkerne untermischen. Die Pastete mit etwas geräuchertem Paprikapulver und einigen Karottenraspeln bestreuen. Mit den zerkleinerten gerösteten Mandeln bestreuen und servieren.

Zutaten

3 EL Sonnenblumenöl
2 Blöcke fester Tofu
3 Lauchstangen
1 EL Olivenöl
80 g Pinienkerne
2 EL Bierhefe
1 EL Sojasoße
1 Knoblauchzehe
1 TL Paprikapulver, geräuchert
einige Karottenraspel
einige Mandeln, geröstet und grob gehackt
Salz und Pfeffer

Man unterscheidet ***drei Arten von Tofu,*** je nachdem, welchen Wassergehalt sie haben: ***Weicher Tofu:*** Er enthält relativ viel Wasser und ist sehr gut für die Herstellung von Soßen geeignet. ***Fester Tofu:*** Er ist von fester Konsistenz und wird oft für die Zubereitung von Suppen verwendet. ***Extrafester Tofu:*** Er ist besonders kompakt und kann – in feine Scheiben oder kleine Würfel geschnitten – angebraten, frittiert oder gekocht werden.

Bunte Vorspeisenplatte

6 Personen, 30 Minuten, Schwierigkeitsgrad *

Zutaten
500 g Pinienkerne
4 EL Bierhefe
Saft von 3 Zitronen
4 frische Estragonblätter
3 getrockene Tomaten
2 Blätter Basilikum
1 Limette, unbehandelt
Salz und Pfeffer

Zum Dekorieren:
1 Apfel
1 Gurke
einige Trauben
1 Dattel, in Scheiben geschnitten

1. Die Pinienkerne ca. 2 Stunden in Wasser einweichen. Das Wasser abschütten und in einer Schale auffangen.

2. Die Pinienkerne zerkleinern und mit der Bierhefe sowie dem Zitronensaft vermischen. Salz, Pfeffer und etwas Wasser dazugeben. Alles zu einer gleichmäßigen Masse verrühren.

3. Die Masse in 3 gleiche Teile aufteilen.

4. Die Estragonblätter klein schneiden und mit einem Teil der Masse vermischen.

5. Die getrockneten Tomaten und die Basilikumblätter klein schneiden und mit dem zweiten Teil der Masse vermischen.

6. Die Limette waschen, trocknen und die Schale abreiben. Die Limettenschale mit dem dritten Teil der Masse mischen.

7. Den Apfel waschen, vom Kerngehäuse befreien und in feine Stücke schneiden.

8. Die Gurke waschen und in feine Scheiben schneiden.

9. Die Apfel- und Gurkenscheiben dokorativ auf einer Platte oder einem Brett anordnen. Die verschiedenen Cremes darauf anrichten und mit einigen Trauben und Dattelscheiben garnieren.

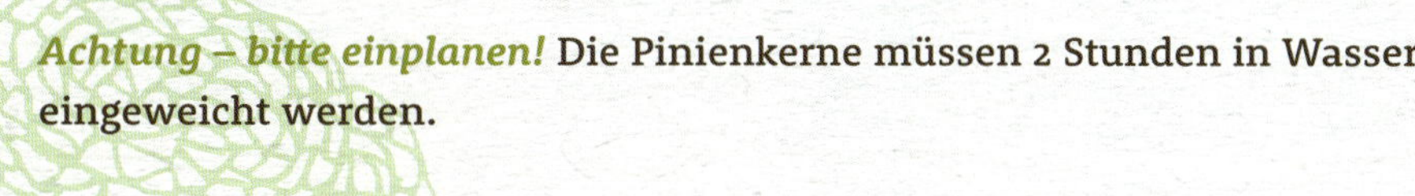

***Achtung – bitte einplanen!* Die Pinienkerne müssen 2 Stunden in Wasser eingeweicht werden.**

Kürbis-Pastinaken-Creme

6 Personen, 20 Minuten, Schwierigkeitsgrad *

Zutaten
2 Figueras-Zwiebeln
2 Knoblauchzehen
Olivenöl
250 g Kürbis
80 g Pastinaken
plus 3 Pastinaken
Salz und Pfeffer

1. Die Zwiebeln und den Knoblauch abziehen und hacken. In einer Pfanne mit Öl bei geringer Hitzezufuhr anbraten.
2. Den Kürbis und 80 g Pastinaken schälen und in kleine Stücke schneiden. Mit in die Pfanne geben und alles einige Minuten bei mittlerer Hitze schmoren.
3. Mit Wasser ablöschen. Salz und Pfeffer dazugeben und das Ganze schmoren lassen, bis der Kürbis weich ist.
4. Die übrigen 3 Pastinaken schälen und in feine Streifen schneiden. Mit Salz bestreuen und 5 Minuten ziehen lassen. Dann das Salz mit Wasser abwaschen und die Pastinakenstreifen mit Küchenkrepp trocken tupfen.
5. Die Pastinakenstreifen in einer Pfanne mit reichlich Öl kräftig anbraten und dann auf einem Stück Küchenkrepp abtropfen lassen.
6. Die geschmorte Kürbis- und Pastinakenmischung in ein hohes Gefäß geben und mit dem Pürierstab zu einer cremigen Masse verarbeiten.
7. Die Creme mit einem Schuss Olivenöl, einer Prise Pfeffer und den gebratenen Pastinakenstreifen anrichten.

Die *Figueras-Zwiebel* erkennt man an ihrer typischen rosa Haut. Sie hat ein zartes Fruchtfleisch und einen süßlichen Geschmack. Sie ist zum Verzehr in rohem Zustand hervorragend geeignet.

Tipp

*Zur Zubereitung des Rezepts können Sie anstelle der Figueras-Zwiebel auch einfache **rote Zwiebeln** verwenden.*

Brokkoli-Mandel-Creme

6 Personen, 25 Minuten, Schwierigkeitsgrad *

1. Die Zwiebel und den Knoblauch abziehen und fein hacken.
2. In einem flachen Kochtopf mit 2 EL Öl anbraten.
3. Mit Weißwein ablöschen und 1 Minute köcheln lassen.
4. Den Brokkoli waschen, putzen und zerkleinern. Mit in den Topf geben und Wasser angießen, bis das Gemüse gut bedeckt ist. Das Ganze 5 Minuten kochen.
5. 90 g Mandeln und das Bauernbrot hinzufügen. Mit Salz und Pfeffer abschmecken. Die Mischung mit dem Pürierstab zu einer gleichmäßigen Creme verarbeiten.
6. Die Creme mit den restlichen Mandeln und etwas Olivenöl anrichten.

Zutaten

1 Zwiebel
2 Knoblauchzehen
3–4 EL Olivenöl
50 ml Weißwein
2 Brokkoli
100 g Mandeln, geröstet
1 Scheibe Bauernbrot
Salz und Pfeffer

Der *Brokkoli* zählt zu den nährstoffreichsten Gemüsesorten und enthält dabei nur wenig Kalorien. Die beste Zeit, um ihn zu genießen, sind die Frühlings- oder Wintermonate.

Suppe mit Tortilla-Chips

6 Personen, 30 Minuten, Schwierigkeitsgrad *

Zutaten

1 Zwiebel
2 Knoblauchzehen
1 EL Sonnenblumenöl
2 Tomaten
1 TL Paprikapulver
1 Prise Cayennepfeffer
2 Avocados
100 g Tortilla-Chips
Salz und Pfeffer

1. Die Zwiebel und den Knoblauch abziehen und hacken.
2. In einem flachen Kochtopf im Öl bei geringer Hitze bräunen.
3. Die Tomaten waschen, klein schneiden und mit in die Pfanne geben. Alles weitere 5 Minuten schmoren.
4. Mit Paprikapulver und Cayennepfeffer würzen. 2 l Wasser angießen und alles gut verrühren.
5. Die Brühe aufkochen, mit Salz, Pfeffer und nach Belieben noch mit den anderen Gewürzen abschmecken. Bei geringer Hitze abgedeckt weitere 5 Minuten köcheln.
6. Die Avocado schälen und in grobe Stücke schneiden. Jeweils einige Stücke in eine Suppentasse legen, mit der Brühe begießen und mit einigen Tortilla-Chips bestreut servieren.

Zwiebelsuppe mit Knoblauchbrot

6 Personen, 30 Minuten, Schwierigkeitsgrad *

1. Die Zwiebeln und den Knoblauch abziehen und in Scheiben schneiden.

2. Den Knoblauch mit dem Öl in einem flachen Kochtopf bei geringer Hitze kurz anbräunen. Die Zwiebeln dazugeben und das Gemisch bei niedriger Flamme etwa 10 Minuten unter ständigem Rühren schmoren.

3. Den Sekt angießen und das Lorbeerblatt dazugeben. Das Ganze köcheln lassen, bis der Alkohol vollständig verdunstet ist.

4. Den Topf mit Wasser auffüllen, bis die Zwiebeln bedeckt sind. Mit Salz und Pfeffer würzen. Den Topf abdecken und das Gemisch nach dem Aufkochen weitere 5 Minuten bei niedriger Flamme köcheln.

5. Für das Brot den Backofen auf 180 °C vorheizen. Das Olivenöl mit den abgezogenen und zerkleinerten Knoblauchzehen sowie etwas Salz in ein Gefäß geben und mit dem Pürierstab pürieren.

6. Das Brot mit dem Knoblauchöl bestreichen und etwa 5 Minuten im Backofen rösten. Die Suppe mit dem Schnittlauch bestreuen und mit den heißen Brotscheiben servieren.

Zutaten

Für die Suppe:

2 rote Zwiebeln
2 weiße Zwiebeln
2 Figueras-Zwiebeln
2 scharfe Zwiebeln
3 Knoblauchzehen
2 EL Olivenöl
250 ml Sekt
1 Lorbeerblatt
1 EL Schnittlauch, geschnitten
Salz und Pfeffer

Für das Brot:

125 ml Olivenöl
2 Knoblauchzehen
6 Scheiben Bauernbrot
Salz

Tipp

Anstelle der verschiedenen Zwiebelsorten können auch einfach nur gewöhnliche rote und weiße Zwiebeln verwendet werden.

Shiitake-Suppe mit Limette und Safran

6 Personen, 25 Minuten, Schwierigkeitsgrad *

Zutaten

6 Safranfäden
2 frische Knoblauchzehen
1 Karotte
2 EL Olivenöl
1 Limette, unbehandelt
200 g Shiitake-Pilze
1 EL Sesamöl
Salz und Pfeffer

1. Den Safran in einer Pfanne anrösten.

2. Den Knoblauch abziehen, die Karotte schälen und beides in Scheiben schneiden.

3. Die Karottenscheiben in einem flachen Kochtopf in Olivenöl anbräunen und bei mittlerer Hitze etwa 3 Minuten braten. Den Knoblauch dazugeben und alles 2 weitere Minuten köcheln lassen.

4. 1 l Wasser angießen. Die Schale der Limette abreiben und mit den Shiitake-Pilzen dazugeben. Mit Salz und Pfeffer abschmecken und bei geringer Hitzezufuhr weitere 10 Minuten köcheln lassen.

5. Die Suppe mit etwas Sesamöl beträufelt servieren.

Rote-Bete-Ravioli

6 Personen, 35 Minuten, Schwierigkeitsgrad *

1. Die Nüsse etwa 3 Stunden einweichen. Das Wasser abgießen und in einer Schale auffangen.

2. Die Nüsse mit dem Pürierstab pürieren und mit der Bierhefe, etwas Salz und Pfeffer, dem Zitronensaft und dem Estragon vermengen. Nach und nach das Einweichwasser der Nüsse dazugeben und alles zu einer cremigen Masse verrühren.

3. Für die Soße die Paprika von den Samen befreien und zerkleinern. Zusammen mit der gehackten Zwiebel und dem zerdrückten Knoblauch pürieren und mit Salz und Pfeffer abschmecken.

4. Die Rote Bete schälen und in feine Scheiben schneiden.

5. Auf eine Scheibe einen TL Nussmasse und etwas von der Paprikasoße geben, dann eine weitere Scheibe darauflegen. Die Pistazien fein hacken und die angerichteten Ravioli damit bestreuen.

Zutaten

Für die Ravioli:

300 g Macadamia-Nüsse
3 EL Bierhefe
Saft von 1 Zitrone
3 Blätter Estragon
3 Rote Beten, gekocht
einige Pistazien
Salz und Pfeffer

Für die Soße:

2 rote Paprika
1 Zwiebel
1 Knoblauchzehe
Salz und Pfeffer

Achtung – bitte einplanen! **Die Nüsse müssen 3 Stunden in Wasser eingeweicht werden.**

Frittierte Polenta mit Barbecue-Soße

6 Personen, 40 Minuten, Schwierigkeitsgrad ✱

Zutaten

Für die Polenta:
½ Tasse Polenta
etwas Thymian
Salz und Pfeffer
Sonnenblumenöl

Für die Soße:
2 rote Zwiebeln
100 g brauner Zucker
125 ml Sherry-Essig
30 g Korinthen
1 EL geräuchertes Paprikapulver
Salz

1. Zwei Tassen Wasser zum Kochen bringen und die Polenta einrühren. Den Thymian sowie Salz und Pfeffer hinzufügen. Alles gut umrühren und abgedeckt 20 Minuten bei geringer Hitze kochen.
2. Die Polenta in eine tiefe Schüssel geben, ein wenig Öl dazugeben und abkühlen lassen.
3. Für die Barbecue-Soße die Zwiebeln abziehen und hacken. Den Zucker, den Essig, die Korinthen und das Salz zum Kochen bringen und bei mittlerer Hitze köcheln, bis der Essig vollständig verdunstet ist.
4. Das Paprikapulver dazugeben und die Mischung zu einer feinen Soße pürieren. Etwas abkühlen lassen und dann kühl stellen.
5. Die Polenta in längliche Stücke schneiden und im Öl anbraten. Mit der Barbecue-Soße servieren.

Polenta **ist eine Grießart, die aus Mais hergestellt wird. Sie stammt aus Norditalien und ist reich an B-Vitaminen.**

Spargel mit Zwiebel-Konfitüre

6 Personen, 25 Minuten, Schwierigkeitsgrad *

1. Die Zwiebeln abziehen und in feine Scheiben schneiden.

2. Den braunen Zucker in einen flachen Kochtopf geben. Die Zwiebeln hinzufügen und unter Rühren bei geringer Wärmezufuhr erhitzen, bis der Zucker karamellisiert ist. Die fertige Konfitüre beiseitestellen.

3. Den Spargel etwa 30 Sekunden blanchieren und mit kaltem Wasser abschrecken.

4. Etwas Öl in einer Pfanne erhitzen und den Spargel hinzufügen. Den Spargel kurz im Öl schwenken und mit Salz und Pfeffer würzen.

5. Den Knoblauch abziehen und fein hacken. Auf den Brotscheiben verteilen und den Spargel darauflegen. Etwas Konfitüre auf den Spargel geben. Die Kirschtomaten vierteln und die Brote damit belegen. Abschließend etwas Olivenöl daraufträufeln und mit Salz und Pfeffer bestreuen.

Zutaten

5 Zwiebeln
3 EL brauner Zucker
42 grüne Spargelstangen
(7 Stück pro Person)
Olivenöl
2 Knoblauchzehen
6 Scheiben Bauernbrot
12 Kirschtomaten
Salz und Pfeffer

Spargel **kann dampfgegart, frittiert, gedünstet oder gratiniert werden. Es empfiehlt sich jedoch, den Spargel stets warm oder zumindest lauwarm zu servieren, da er im kalten Zustand einigen Geschmack einbüßt. Wenn man ihn mit einer Soße serviert, sollte auch diese warm sein.**

Tipp

Die Konfitüre erhält einen intensiveren Geschmack, wenn man ein Glas Essig beim Karamelisieren der Zwiebeln und des Zuckers hinzugibt.

Russischer Salat

6 Personen, 30 Minuten, Schwierigkeitsgrad *

Zutaten

100 g Karotten
200 g Kartoffeln
100 g schwarze Oliven ohne Kern
½ Tasse Sojamilch ohne Zucker
1 Tasse Sonnenblumenöl
Saft von 1 Zitrone
100 g frische Erbsen
Salz und Pfeffer

1. Die Karotten und die Kartoffeln schälen und in unterschiedlich große Stücke schneiden. In zwei getrennten Töpfen in Wasser garen, etwas abkühlen lassen und in den Kühlschrank stellen.

2. Die Oliven in Stücke schneiden.

3. Die Sojamilch mit dem Sonnenblumenöl und dem Zitronensaft zu einer Mayonnaise verrühren. Mit Salz und Pfeffer würzen und kühl stellen.

4. In einer Schale die Kartoffeln, die Karotten, die Oliven, die Erbsen und die Mayonnaise vermischen, mit Salz und Pfeffer abschmecken und servieren.

Im Gegensatz zur Kuhmilch enthält *Sojamilch* keinen Milchzucker, kein Kasein, kein Vitamin B12, keine gesättigten Fette und kein Cholesterin. Sojamilch liefert ebenfalls weniger Natrium und hat weniger Kalorien. Sie ist ideal, um jegliche Arten von Cremes, Soßen, Shakes, Eis usw. herzustellen.

Tipp

Statt Erbsen kann man auch frische, geschälte Saubohnen, Süßkartoffeln oder angeschmorte Paprika verwenden.

Fenchel-Ananas-Salat

6 Personen, 20 Minuten, Schwierigkeitsgrad *

1. Den gewaschenen Fenchel mit einem Gemüsehobel oder einem scharfen Messer in Scheiben schneiden. In einer Pfanne anbraten.
2. Die Ananas schälen, den inneren Strunk entfernen und das Fruchtfleisch in Würfel schneiden. Das Fruchtfleisch in einer Pfanne gut anbraten.
3. Etwas Wasser in eine Schale füllen und den Saft von 3 Limetten sowie ca. 1 EL Salz dazugeben.
4. Die Mandeln und die Erdnüsse zerkleinern. Die letzte, unbehandelte Limette in Spalten schneiden.
5. Den Feldsalat waschen, putzen und trocknen. Auf einer Platte anrichten und die Ananas, den Fenchel und die Nüsse daraufgeben.
6. Den Salat mit dem Gemisch aus Wasser und Limettensaft beträufeln. Mit Salz und Pfeffer würzen und mit den Limettenspalten dekorieren.

Zutaten

6 Fenchelknollen
1 Ananas
4 Limetten, 1 davon unbehandelt
60 g Mandeln, geschält
60 g Erdnüsse, geröstet
150 g Feldsalat
Salz und Pfeffer

Geschmorte Artischocken mit Kräuteröl

6 Personen, 40 Minuten, Schwierigkeitsgrad *

Zutaten

1 Handvoll Basilikum
1 Handvoll Rosmarin
1 Handvoll Petersilie
1 Handvoll Thymian
2 Knoblauchzehen
300 ml Olivenöl
12 Artischocken
3 Strauchtomaten
Salz und Pfeffer

1. Die Kräuter waschen, trocknen und fein hacken. Den Knoblauch abziehen und fein hacken.
2. Die Kräuter mit dem Knoblauch in einen Mörser geben. Nach und nach das Olivenöl sowie ca. 1 TL Salz hinzufügen und alles gut vermischen. Das Kräuteröl in eine große Schale füllen.
3. Von den Artischocken die äußeren Blätter entfernen und vierteln. Die Artischockenviertel in das Kräuteröl legen und 15 Minuten darin marinieren.
4. Den Backofen auf 180 °C vorheizen. Die Artischocken in eine Auflaufform legen und mit Alufolie abdecken.
5. 20 Minuten im Backofen backen.
6. Die Tomaten in Scheiben schneiden und auf Tellern verteilen. Die gebackenen Artischocken auf die Tomaten legen und mit Pfeffer bestreut servieren.

Artischocken **können auf verschiedene Art und Weise verzehrt werden: gekocht, dampfgegart, frittiert, angebraten, geschmort, gegrillt oder gebacken. Da sie beim Zerschneiden schnell oxidieren und braun anlaufen, sollten sie dabei mit etwas Zitronensaft oder Essig beträufelt werden.**

Karotten-Orangen-Pinienkern-Creme

6 Personen, 30 Minuten, Schwierigkeitsgrad *

1. Den Knoblauch abziehen und in kleine Stücke schneiden.
2. In einem Topf 1 EL Olivenöl erhitzen und den Knoblauch mit dem Ingwer dazugeben. Die Zwiebel abziehen, hacken und dazugeben.
3. Die Karotten schälen, in feine Scheiben schneiden und ebenfalls in den Topf geben.
4. Die Mischung 5 Minuten braten, bis die Karotten leicht angebräunt sind.
5. Die geriebene Orangenschale sowie ca. 1 TL Salz und 1 TL Pfeffer dazugeben.
6. Mit Wasser auffüllen, bis alles bedeckt ist. Das Ganze bei mittlerer Hitzezufuhr weitere 10 Minuten kochen.
7. Die Mischung mit dem Pürierstab zu einer feinen Creme verarbeiten. Die Creme mit Pinienkernen, einem Schuss Olivenöl und jeweils 1 EL Hafersahne anrichten.

Zutaten

2 Knoblauchzehen
1 TL Ingwerpulver
1 Zwiebel
9 Karotten
abgeriebene Schale von einer ½ Orange, unbehandelt
50 g Pinienkerne
1 EL Olivenöl
1 Beutel Hafersahne
Salz und Pfeffer

Sobanudel-Süßkartoffel-Salat

6 Personen, 25 Minuten, Schwierigkeitsgrad *

Zutaten

Für den Salat:

6 Päckchen Sobanudeln
2 Süßkartoffeln
1 Eichblattsalat
12 grüne Spargelstangen
2 EL Olivenöl
1 Blatt Nori-Alge
150 g gesalzene Erdnüsse

Für die Vinaigrette:

125 ml Sonnenblumenöl
70 ml Reisessig
1 süße Zwiebel
1 EL Miso
1 EL Sojasoße
2 EL Tahina

1. Die Sobanudeln in einem Topf mit Wasser etwa 4 Minuten kochen, bis sie weich sind.
2. Die Süßkartoffeln schälen und in Würfel schneiden. In einem Topf mit Wasser in ca. 8 Minuten gar kochen. Danach mit kaltem Wasser abschrecken.
3. Den Eichblattsalat waschen, trocknen und schneiden.
4. Die Spargelstangen putzen und in jeweils 4 Stücke schneiden. In einer Pfanne mit heißem Öl schwenken.
5. Die Alge in Streifen schneiden.
6. Für die Vinaigrette alle Zutaten mischen und so lange rühren, bis eine klumpenfreie Mischung entsteht.
7. Einige Salatblätter in eine tiefe Schüssel legen.
8. Die Sobanudeln, die Erdnüsse, die Süßkartoffeln, den Spargel und die Algenstreifen darauf verteilen. Mit der Vinaigrette servieren.

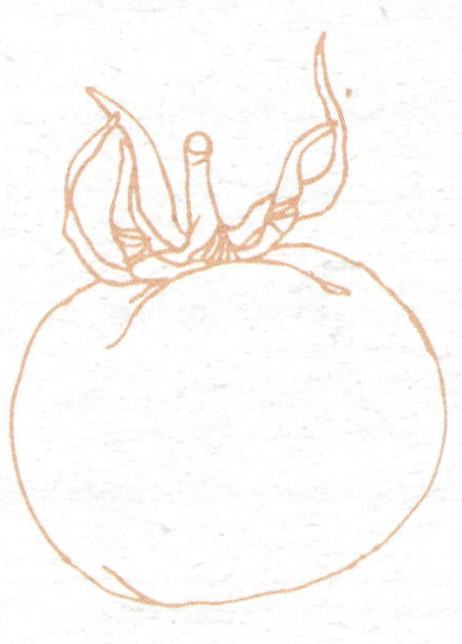

Salat mit frittiertem Tofu und Kapern-Dressing

6 Personen, 30 Minuten, Schwierigkeitsgrad *

1. Eine Auflaufform mit Öl einfetten und den Backofen auf 180 °C vorheizen. Den Tofu in Streifen schneiden und hineingeben.

2. Den Tofu im Backofen backen, bis er eine goldene Farbe annimmt.

3. Das Baguette aufschneiden, mit Knoblauch einreiben und würfeln. In eine weitere Auflaufform geben und mit Olivenöl beträufeln. Im Backofen backen, bis es leicht getoastet ist.

4. Den Salat waschen und trocknen. Mit den Salatblättern eine Schüssel auskleiden und das getoastete Brot und den Tofu einfüllen.

5. Für das Dressing den Knoblauch abziehen und zerdrücken. Die Kapern fein hacken. Die Sojamilch mit dem Sonnenblumenöl vermischen und mit wenig Zitronensaft und dem Senf anrühren. Den restlichen Zitronensaft sowie 1 gestrichenen TL Salz und die Kapern hinzufügen. Alles zu einer cremigen Soße verrühren.

6. Den Salat mit dem Dressing servieren.

Zutaten

Für den Tofusalat:

2 Blöcke Tofu
1 Baguette
2 Knoblauchzehen
1 EL Olivenöl
1 Romana-Salat

Für das Kapern-Dressing:

1 Knoblauchzehe
4 Kapern
250 ml Sojamilch
500 ml Sonnenblumenöl
Saft von 1 Zitrone
½ EL Dijon-Senf
Salz

Linsensalat mit Vinaigrette

6 Personen, 15 Minuten, Schwierigkeitsgrad *

Zutaten
1 EL Weißweinessig
2 EL Olivenöl
100 g getrocknete Aprikosen
1 Stange Sellerie
1 rote Paprika
100 g getrocknete Tomaten
2 Avocados
2 Äpfel
300 g Linsen, gekocht
2 Bund Rucola
Salz

1. Den Essig, das Öl und ca. 2 TL Salz in einer Schüssel vermischen.

2. Die Aprikosen in Stücke schneiden, den Sellerie waschen, putzen und in feine Scheiben schneiden. Beides in die Schüssel geben.

3. Die Paprika waschen, trocknen und in Stücke schneiden. Die getrockneten Tomaten klein schneiden und beides dazugeben.

4. Die Avocados schälen, würfeln und ebenfalls hinzufügen.

5. 1 Apfel schälen, vom Kerngehäuse befreien und in kleine Stücke schneiden. Zusammen mit den Linsen zu den anderen Zutaten geben.

6. Den zweiten Apfel waschen, entkernen und mit Schale in feine Spalten schneiden. Den Rucola waschen und trocknen. Auf jeden Teller jeweils 4 Apfelstücke und etwas Rucola legen. Alle Zutaten in der Schüssel verrühren und den Salat auf den dekorierten Tellern verteilen.

Mais-Hamburger

6 Personen, 20 Minuten, Schwierigkeitsgrad *

1. Die Kartoffel schälen und waschen. Mit der Zucchini in eine große Schüssel reiben.

2. Den Knoblauch abziehen und fein hacken. Den Mais abschütten und mit dem Knoblauch, dem Olivenöl, dem Sesamöl, 2 TL Salz und den Semmelbröseln in die Schüssel geben.

3. Alle Zutaten mit den Händen gut verkneten und aus der Masse 12 kleine Hamburger formen.

4. Ausreichend viel Öl in einer Pfanne erhitzen und die Hamburger darin anbraten. Dabei sehr vorsichtig wenden, sodass sie nicht zerfallen.

5. Die Hamburger gut bräunen und auf einem Stück Küchenkrepp abtropfen lassen. Mit veganer Mayonnaise und etwas Barbecue-Soße servieren.

Zutaten
1 Kartoffel
1 Zucchini
2 Knoblauchzehen
1 Dose Mais
1 EL Olivenöl
½ EL Sesamöl
½ Tasse Semmelbrösel
Pflanzenöl zum Frittieren
vegane Mayonnaise
Barbecue-Soße
Salz

Seitan mit gebackenen Süßkartoffeln und karamellisierten Zwiebeln

6 Personen, 30 Minuten, Schwierigkeitsgrad *

Zutaten
12 Seitan-Filets
Olivenöl
2 Päckchen vegane Sahne
3 Süßkartoffeln
3 rote Zwiebeln
Zucker
Salz und Pfeffer
einige Basilikumblätter zum Dekorieren

1. Den Seitan in etwas Öl in der Pfanne anbraten. Den Backofen auf 180 °C vorheizen.

2. Die Sahne angießen, mit Salz und Pfeffer würzen und einige Minuten unter mittlerer Hitzezufuhr köcheln.

3. Die Süßkartoffeln waschen und einzeln in Alufolie einwickeln. Ca. 20 Minuten im Backofen backen, bis sie gut durch sind.

4. Die Zwiebeln in Scheiben schneiden und mit etwas Zucker in einem abgedeckten Topf karamellisieren lassen.

5. Die Süßkartoffeln in Scheiben schneiden, alles auf Tellern anrichten und mit Basilikumblättchen dekorieren

Seitan **ist reich an Proteinen, jedoch kalorienarm. Er hilft, den Cholesterinspiegel zu senken und verfügt über mehr Kalzium und Vitamine als Fleisch.**

Tipp

Statt Süßkartoffeln kann man auch Kürbis verwenden, der auf die gleiche Art und Weise im Backofen zubereitet wird.

Tagliatelle mit Lauchsoße, getrockneten Tomaten und Basilikum

6 Personen, 25 Minuten, Schwierigkeitsgrad *

1. Den Lauch in einem Topf mit etwas Öl anbraten. Mit Salz und Pfeffer würzen und mit dem Wein ablöschen. Den Lauch bissfest garen.

2. Den Lauch zusammen mit den getrockneten Tomaten mit dem Pürierstab pürieren. Den Basilikum und etwas Wasser dazugeben und alles zu einer geschmeidigen Creme verrühren.

3. Die Pinienkerne bei 180 °C im Backofen rösten und in die Lauchsoße mischen.

4. Die Tagliatelle bissfest garen und mit der Soße auf Tellern anrichten. Mit einigen Basilikumblättern dekorieren.

Zutaten

5 Stangen Lauch
2 EL Olivenöl
125 ml Weißwein
2 getrocknete Tomaten
200 g Pinienkerne
5 Basilikumblätter
660 g Tagliatelle
Salz und Pfeffer
einige Basilikumblätter und Pinienkerne zum Dekorieren

Maurische Seitan-Spieße

6 Personen, 20 Minuten, Schwierigkeitsgrad ✱

Zutaten

Für das Gewürzöl:

1 Handvoll Petersilie
1 Zwiebel
3 Knoblauchzehen
3 EL Paprikapulver, edelsüß
250 ml Olivenöl
Salz und Pfeffer

Für die Spieße:

1–2 rote Paprika
60 Stück Seitan (in unterschiedlich große Stücke geschnitten)
Salz und Pfeffer
Holz- oder Metallspieße
Olivenöl

1. Für das Gewürzöl die Petersilie fein wiegen. Die Zwiebel und den Knoblauch abziehen und hacken. In einer Schüssel mit dem Paprika, Salz und Pfeffer sowie dem Olivenöl vermischen.

2. Die Paprika waschen, von den Samen befreien und in Stücke schneiden.

3. Die Seitanstücke abwechselnd mit der Paprika auf die Spieße stecken, mit dem Gewürzöl bestreichen und über Nacht ziehen lassen.

4. Die Spieße am nächsten Tag in einer Pfanne mit Öl bei mittlerer Hitze braten. Noch heiß mit einem Stück Brot servieren.

Achtung – bitte einplanen! **Der Seitan muss über Nacht im Gewürzöl ziehen.**

Wenn man das *Gewürzöl* schon einen Tag zuvor zubereitet, bekommt es einen besonders intensiven Geschmack.

Gnocchi mit Paprika-Nuss-Basilikum-Soße

6 Personen, 45 Minuten, Schwierigkeitsgrad ✻

1. Den Backofen auf 180 °C vorheizen. Für die Soße die geputzte Paprika und den abgezogenen Knoblauch auf ein Backblech legen und mit Alufolie abdecken. Im Backofen backen, bis die Paprika weich ist.

2. Die Nüsse dazugeben und rösten.

3. Die Paprika enthäuten und zusammen mit dem Knoblauch in ein hohes Gefäß geben. Die Nüsse, den Basilikum, das Öl sowie etwas Salz und Pfeffer hinzufügen und das Ganze mit dem Pürierstab zu einer gleichmäßigen Soße pürieren.

4. Die Gnocchi garen und mit der Soße servieren. Nach Belieben mit geschnittenem Schnittlauch und einigen Basilikumblättern bestreut anrichten.

Zutaten

3 rote Paprika
3 Knoblauchzehen
200 g Haselnüsse
1 Handvoll Basilikum
125 ml Olivenöl
600 g Gnocchi
Salz und Pfeffer

Penne mit Knoblauchöl, Oliven, Spinat und Spargel

6 Personen, 20 Minuten, Schwierigkeitsgrad *

Zutaten
½ Tasse Mandeln
1 Tasse Oliven
3 Handvoll grüner Spargel
8 Knoblauchzehen
125 ml Olivenöl
1 Handvoll Spinat
600 g Penne

1. Den Backofen auf 180 °C vorheizen. Die Mandeln auf ein Backblech geben und im Backofen anrösten.
2. Oliven entkernen und in Scheiben schneiden.
3. Den Spargel in schräge Stücke schneiden, 1 Minute blanchieren und im kalten Wasser abschrecken.
4. Den Knoblauch abziehen und in kleine Würfel schneiden. In einer Pfanne in Olivenöl kurz anbraten.
5. Den Spargel dazugeben und im Öl schwenken, bis er schön gebräunt ist. Den Herd ausschalten und den Spinat, die Oliven und die Mandeln hinzufügen. Alles gut vermischen.
6. Die Penne bissfest kochen und mit dem Gemüse vermischen. Auf Tellern anrichten und servieren.

Um dem Gericht einen intensiveren Geschmack zu verleihen, kann dem Öl, in dem das Gemüse geschwenkt wird, nach Belieben etwas *Chili* hinzugefügt werden.

Wurzelgemüse mit Soßen-Dreierlei

6 Personen, 45 Minuten, Schwierigkeitsgrad ✻

Zutaten

Für das Gemüse:
2 Pastinaken
2 festkochende Kartoffeln, z. B. Monalisa
2 Rote Beten
1 Süßkartoffel
1 Knoblauchknolle
3 EL Olivenöl
Salz und Pfeffer

Für die Knoblauchmayonnaise:
125 ml Sojamilch
250 ml Sonnenblumenöl
2 Knoblauchzehen
Saft von 1 Zitrone
Salz

Für die Paprikasoße:
180 ml Knoblauchmayonnaise
1 EL geräuchertes Paprikapulver

Für die Kapernsoße:
Kapern-Dressing (Rezept siehe S. 57)

1. Den Backofen auf 180 °C vorheizen. Das Wurzelgemüse schälen, würfeln und in eine Auflaufform geben.
2. Die Knoblauchknolle in zwei Hälften schneiden und in die Form geben.
3. Das Öl, ca. 2 TL Salz und etwas Pfeffer hinzufügen und das Ganze gut vermischen. Die Auflaufform mit Alufolie abdecken und das Gemüse ca. 25 Minuten im Backofen garen.
4. Aus der Sojamilch, dem Sonnenblumenöl und ca. 1 TL Salz mit dem elektrischen Handrührgerät eine Mayonnaise herstellen.
5. Den Knoblauch abziehen und zerdrücken. Zusammen mit dem Zitronensaft zur Mayonnaise geben und alles gut verrühren.
6. Die Hälfte der Knoblauchmayonnaise mit dem Paprikapulver verrühren.
7. Das Wurzelgemüse auf einer Platte anrichten und die drei Soßen dazureichen.

Linguine mit Kürbis-Kapern-Soße

6 Personen, 30 Minuten, Schwierigkeitsgrad *

Zutaten
1 scharfe Zwiebel
3 Knoblauchzehen
2 EL Olivenöl
1 Kürbis
500 ml dunkles Bier
3 Kapern in Salzlake
900 g Linguine
1 EL Schnittlauch, geschnitten
Salz und Pfeffer

1. Den Kürbis schälen und in Würfel schneiden.

2. Die Zwiebel und den Knoblauch abziehen und in Scheiben schneiden. In einem Topf in Öl glasig braten. Den Kürbis hinzugeben und mit dem Bier ablöschen. Mit Salz und Pfeffer würzen. Die Mischung abgedeckt bei geringer Hitze köcheln, bis der Kürbis gar ist.

3. Die Kapern abspülen und in den Topf geben. Die Mischung 1 weitere Minute kochen und danach pürieren. Mit Salz und Pfeffer nachwürzen.

4. Die Linguine bissfest kochen, mit Schnittlauchröllchen bestreuen und mit der Kürbis-Kapern-Soße servieren.

Linguine **ist eine Nudelart, die den Spaghetti sehr ähnlich ist. Sie ist in Italien sehr beliebt, weil sie mit Soßen verschiedenster Art kombinierbar ist.**

Tipp

Man kann die Kapern durch frischen Basilikum ersetzen, der einen intensiven Geschmack auf das Nudelgericht zaubert.

Shiitake-Artischocken-Risotto

6 Personen, 40 Minuten, Schwierigkeitsgrad *

Zutaten
2 Zwiebeln
2 Knoblauchzehen
Olivenöl
500 ml dunkles Bier
300 g Vollkornreis
etwas Gemüsebrühe
2 Artischocken
250 g Shiitake
Salz und Pfeffer

1. Die Zwiebeln und den Knoblauch abziehen und hacken. Die Zwiebel mit einer der Knoblauchzehen in einer Pfanne mit etwas Öl anbraten. Mit dem Bier ablöschen. Den Reis einrühren und in der Flüssigkeit garen. Nach Bedarf Gemüsebrühe nachgießen und immer wieder gründlich umrühren.

2. Die Artischocken putzen und in Spalten schneiden. Mit der zweiten Knoblauchzehe in einer Pfanne mit Öl anrösten.

3. Die Pilze putzen und in Scheiben schneiden, in etwas Öl schwenken, bis sie goldbraun sind. Die Pilze vom Herd nehmen und in einer Schüssel mit den Artischocken mischen.

4. Das Risotto mit Salz und Pfeffer abschmecken. Mit dem Gemüse auf Tellern anrichten und servieren.

Gebratener Reis mit Chinakohl, Yakitori-Tofu und gebackenen Minz-Karotten

6 Personen, 40 Minuten, Schwierigkeitsgrad *

Zutaten

½ Chinakohl
2 EL Olivenöl
300 g gekochter Reis oder Vollkornreis
250 ml Rotwein
125 ml Sojasoße
½ Tasse Zucker
1 Block Tofu
5 Karotten
1 Handvoll Minzeblättchen
200 ml Sonnenblumenöl
2 EL Sesamöl
einige Blätter frischer Spinat
Salz und Pfeffer

1. Den Chinakohl in Streifen schneiden und mit Salz, Pfeffer und dem Olivenöl würzen. Auf dem gekochten Reis anrichten. Den Backofen auf 180 °C vorheizen.

2. Für die Yakitori-Marinade den Wein mit der Sojasoße und dem Zucker in einer Schüssel vermengen.

3. Den Tofu in Scheiben schneiden und in eine leicht mit Öl eingefettete Auflaufform legen. Den Tofu mit der Marinade beträufeln und im Backofen 15 Minuten backen, bis der Tofu goldbraun ist.

4. Die Karotten schälen und in Scheiben schneiden. Die Minze mit dem Sonnenblumenöl, dem Sesamöl und 1 TL Salz vermengen.

5. Die Karotten in eine Auflaufform füllen und mit dem Minzöl beträufeln. Bei 180 °C im Backofen ca. 15 Minuten garen.

6. Den Reis mit dem Tofu, den Karotten und dem fein geschnittenen Spinat anrichten.

Tipp

Statt mit Minze kann man das Gericht auch mit Shiso oder japanischem Bohnenkraut würzen.

Reis mit gebackenem Thymian-Kürbis, Lauchsoße und gerösteten Walnüssen

6 Personen, 30 Minuten, Schwierigkeitsgrad *

1. Für die Soße den Lauch waschen, putzen und in Scheiben schneiden. Das Olivenöl in einem Topf erhitzen und den Lauch darin anbraten. Mit Salz und Pfeffer würzen, mit dem Wein ablöschen und alles köcheln, bis der Wein verdampft ist.

2. Etwas Sojamilch angießen und Muskatnuss hinzufügen. Die Mischung mit einem Pürierstab cremig pürieren. Den Backofen auf 180 °C vorheizen.

3. Den Kürbis schälen, die Kerne entfernen und das Fruchtfleisch in Würfel schneiden. Den Knoblauch abziehen und hacken. Mit dem Thymian zu den Kürbiswürfeln geben und alles in eine Auflaufform füllen. Mit Alufolie abdecken und im Backofen backen, bis der Kürbis gar ist.

4. Die Nüsse mit dem Öl und der Sojasoße in einer Pfanne goldbraun anrösten.

5. Die Lauchsoße auf Tellern verteilen. Die Nüsse in kleine tiefe Schüsseln geben. Den Kürbis und dann den Reis daraufschichten. Das Ganze festdrücken und wie einen Pudding auf die Soße stürzen.

Zutaten

Für die Soße:

3 Lauchstangen
2 EL Olivenöl
375 ml Weißwein
etwas Sojamilch
Muskatnuss, gerieben
Salz und Pfeffer

Für den Reis und den Kürbis:

300 g gekochter Reis oder Vollkornreis
1 Kürbis
2 Knoblauchzehen
etwas Thymian
300 g Walnusskerne
3 TL Sojasoße
3 TL Olivenöl

Tofu süß-sauer mit Gemüse in Sesamöl

6 Personen, 20 Minuten, Schwierigkeitsgrad *

Zutaten

Für die Soße:
¼ Ananas, gewürfelt
250 ml Gemüsebrühe
½ Tasse Zucker
75 ml Apfelessig
75 ml Ketchup
1 TL Maisstärke
Salz und Pfeffer

Für den Tofu:
Weizenmehl
12 Tofu-Filets
Pflanzenöl
1 Handvoll Spargel
1 Brokkoli
2 rote Paprika
2 Karotten
1 rote Zwiebel
Sesamöl
Salz und Pfeffer

1. Für die Soße alle Zutaten außer der Maisstärke in einen Topf geben und das Gemisch bei geringer Hitze köcheln, bis der Essig komplett verdampft ist. Die Maisstärke mit etwas kaltem Wasser anrühren und hinzufügen. Gut umrühren, damit die Soße nicht am Topfboden kleben bleibt.

2. Etwas Mehl auf einen Teller geben, den Tofu darin wenden und in einer Pfanne in etwas Öl von beiden Seiten anbraten.

3. Den Spargel und den Brokkoli ca. 1 Minute in kochendem Wasser blanchieren und mit kaltem Wasser abschrecken.

4. Die Paprika waschen, putzen und in Stücke schneiden. Die Karotten schälen und in Scheiben schneiden. Die Zwiebel abziehen und würfeln. Das Sesamöl in einer Pfanne erhitzen und darin die Paprika, die Zwiebel sowie den Brokkoli, den Spargel und die Karotten schwenken. Mit Salz und Pfeffer würzen.

5. Den Tofu zusammen mit dem Gemüse und der süß-sauren Soße servieren.

Tofu **ist eine sehr gute Quelle für pflanzliche Proteine von höchster Qualität. Er kann frittiert, paniert, geschmort, in der Pfanne gebraten, für Suppen, Soßen und sogar auch für Desserts verwendet werden.**

Sesamöl **ist sehr schmackhaft, aromatisch und reich an Eisen, Magnesium und Vitamin E. Es sollte möglichst nicht raffiniert sein, da viele seiner Nährstoffe dadurch zerstört werden.**

Pastete aus roter Paprika, Macadamia-Nüssen und Rosmarin

6 Personen, 35 Minuten, Schwierigkeitsgrad *

1. Den Backofen auf 180 °C vorheizen. Die Paprika waschen und im Ganzen bei 180 °C 20 Minuten garen. Herausnehmen und abkühlen lassen.

2. Die Nüsse im Backofen bei 180 °C ca. 3 Minuten rösten. Die Rosmarinnadeln von den Zweigen abstreifen.

3. Die Paprika enthäuten und mit den Nüssen, dem Rosmarin, dem Öl und etwas Salz und Pfeffer in ein hohes Gefäß geben. Mit dem Pürierstab pürieren, bis eine feine, gleichmäßige Masse entsteht.

4. Mit Roggenbrot oder gerösteten Brotwürfeln servieren.

Zutaten
5 rote Paprika
200 g Macadamia-Nüsse
1 Zweig Rosmarin
8 EL Olivenöl
Salz und Pfeffer

Macadamia-Nüsse **werden aufgrund ihres besonderen Geschmacks und der zarten Konsistenz hoch geschätzt. Sie verfügen über einen hohen Kaloriengehalt (etwa 700 kcal pro 100 g) und sind reich an Proteinen, Kohlenhydraten und Ballaststoffen.**

Pilz-Rosmarin-Paella

6 Personen, 45 Minuten, Schwierigkeitsgrad *

Zutaten
2 Knoblauchzehen
1 scharfe Zwiebel
3 EL Olivenöl
2 rote Tomaten
100 g Champignons
100 g Austernpilze
2 Zweige Rosmarin
6 Tassen Reis
4 Fäden Safran
50 g Erbsen
ca. 500 ml Gemüsebrühe
Petersilie oder Schnittlauch
Salz und Pfeffer

1. Den Knoblauch und die Zwiebel abziehen, klein hacken und in einer Paella-Pfanne in Olivenöl erhitzen. Bei mittlerer Hitze 2 Minuten braten.

2. Die Tomaten würfeln und in die Pfanne dazugeben.

3. Die Champignons und die Austernpilze in Scheiben schneiden und ebenfalls in die Pfanne geben. 3 Minuten braten und gelegentlich umrühren.

4. Die Rosmarinnadeln abstreifen und etwas zerkleinern. Den Reis, den Safran, die Erbsen, etwas Salz und Pfeffer sowie den Rosmarin hinzufügen.

5. Den Reis abgedeckt unter stetigem Nachgießen von Gemüsebrühe bei geringer Hitze köcheln, bis der Reis gar ist.

6. Nach Belieben mit gewiegter Petersilie oder Schnittlauch bestreuen und mit etwas Rosmarin dekoriert servieren.

Veganer Hamburger

6 Personen, 20 Minuten, Schwierigkeitsgrad *

1. Die Bohnen mit einer Gabel zerdrücken. Den Knoblauch und die Zwiebel abziehen, hacken und zu den Bohnen geben.

2. Den Koriander, die Petersilie und das Basilikum fein wiegen und vermischen.

3. Die Kräutermischung, das Paprikapulver, das Oregano, das Öl sowie etwas Salz und Pfeffer zur Bohnenmischung geben und das Ganze gut verrühren.

4. Die Semmelbrösel nach und nach hinzufügen und die Masse mit den Händen gut verkneten. Aus der Masse 6 Hamburger formen und diese bei mittlerer Hitze braten.

5. Zusammen mit einem Hamburger-Brötchen, Salatblatt, Tomatenscheibe und etwas veganer Salatcreme servieren.

Zutaten

150 g weiße Bohnen, gekocht
150 g rote Bohnen, gekocht
1 Knoblauchzehe
1 rote Zwiebel
¼ Tasse Koriander, gehackt
¼ Tasse Petersilie, gehackt
4 Blätter Basilikum
1 EL Paprikapulver, geräuchert
1 EL Oregano
1 EL Olivenöl
2 EL Semmelbrösel
6 Hamburger-Brötchen
6 Salatblätter
6 Tomatenscheiben
vegane Salatcreme
Salz und Pfeffer

Kräuter **wie Koriander, Basilikum oder Oregano sind exzellente Würzmittel für die vegane Küche. In Maßen eingesetzt verleihen sie den Gerichten einen guten Geschmack. Ihr Aroma bietet zahlreiche Kombinationsmöglichkeiten.**

Bohnen-Burritos mit Reis, Avocadocreme und mexikanischem Salat

6 Personen, 30 Minuten, Schwierigkeitsgrad *

Zutaten

Für die Burritos:

1,5 Tassen schwarze Bohnen
4 Knoblauchzehen
1 Lorbeerblatt
2 scharfe Zwiebeln
Olivenöl
250 g Tomaten
1 TL Cayennepfeffer
6 Weizenfladen
150 g gekochter Reis oder Vollkornreis
einige Blätter Spinat, Peperoni und Tomatenscheiben
Salz und Pfeffer

Für die Avocadocreme:

4 Avocados
1 Zwiebel
Korianderblätter
Saft von 4 Zitronen
2 Tomaten
Salz

Für den mexikanischen Salat:

2 rote Paprika
2 Tomaten
1 rote Zwiebel
einige Korianderblätter
Saft von 1 Zitrone
Salz

1. Die Bohnen zusammen mit zwei Knoblauchzehen, dem Lorbeerblatt und einer Prise Salz gar kochen. Das Kochwasser abschütten.

2. Die Zwiebeln und die restlichen 2 Knoblauchzehen abziehen, hacken und in einem großen Topf in Olivenöl anbraten. Die Tomaten klein schneiden und hinzufügen. Mit Cayennepfeffer würzen und das Gemisch bei geringer Hitze schmoren, bis die Flüssigkeit ganz verdampft ist. Die Bohnen zugeben und abgedeckt weitere 20 Minuten lang köcheln. Ab und zu umrühren, um ein Anbrennen am Boden zu vermeiden. Mit Salz und Pfeffer würzen.

3. Für die Avocadocreme die Avocados schälen, in Stücke schneiden und in eine Schüssel legen. Die Zwiebel abziehen und hacken. Den Koriander wiegen. Die Tomaten zerkleinern und mit der Zwiebel und dem Koriander zur Avocado geben.

4. Mithilfe einer Gabel alles zerdrücken. Den Zitronensaft und Salz hinzufügen und alles zu einer Creme verarbeiten.

5. Die Zutaten für den mexikanischen Salat zerkleinern, mit Zitronensaft und Salz abschmecken.

6. Die Weizenfladen mit etwas Reis, reichlich Bohnen und einem Blatt frischem Spinat füllen. Die Fladen aufrollen und vor dem Servieren kurz im Backofen erhitzen. Zusammen mit der Avocadocreme, dem mexikanischen Salat, Peperoni und Tomatenscheiben servieren.

Rohkost-Lasagne

6 Personen, 40 Minuten, Schwierigkeitsgrad ✱

Zutaten

Für den Quark:

2 Tassen Cashew-Kerne
3 EL Zitronensaft
2 EL Bierhefe
Salz

Für die Tomatensoße:

2 Tassen getrocknete Tomaten
3 Strauchtomaten
1 Zwiebel
30 g Rosinen
3 EL Zitronensaft
2 EL Oregano
2 EL Thymian
2 Blätter Basilikum
Salz und Pfeffer

Für das Pesto:

1 Tasse Pistazien
1 Handvoll Basilikum
60 ml Olivenöl
Salz und Pfeffer

Für die Lasagne:

4 Zucchini
2 Tomaten
etwas Olivenöl
Rucola
Salz und Pfeffer

Achtung – bitte einplanen! **Die Cashew-Kerne müssen einige Stunden und die getrockneten Tomaten über Nacht eingeweicht werden.**

1. Für den Quark die Cashew-Kerne einige Stunden einweichen und dann hacken. Mit den restlichen Zutaten sowie 120 ml Wasser und ca. 2 EL Salz vermischen. Alles zu einer gleichmäßigen Creme verrühren.

2. Für die Tomatensoße die getrockneten Tomaten über Nacht in Wasser einweichen. Ausdrücken und fein hacken. Ebenso alle anderen Zutaten fein hacken und alles vermischen. Mit ca. 2 EL Salz und etwas Pfeffer würzen.

3. Für das Pesto die Pistazien hacken und mit den restlichen Zutaten vermischen.

4. Für die Lasagne die Zucchini und die Tomaten in Scheiben schneiden.

5. Die Zucchinischeiben auf den Boden einer Schüssel legen und mit dem Quark bestreichen. Darauf eine Schicht Tomatenscheiben legen und mit dem Pesto bestreichen. Diesen Vorgang wiederholen und mit einer Schicht Zucchinischeiben abschließen. Die Lasagne zuletzt etwas salzen und pfeffern und mit Olivenöl beträufeln. Mit einem scharfen Messer in Stücke schneiden und mit Rucola belegt servieren.

Kartoffel-Gemüse-Gratin

6 Personen, 50 Minuten, Schwierigkeitsgrad *

1. Den Brokkoli und den Blumenkohl in kleine Stücke schneiden und 3 Minuten in kochendem Wasser garen. Danach abschütten und abtropfen lassen. Den Backofen auf 180 °C vorheizen.
2. Die Kartoffeln schälen und in feine Scheiben schneiden.
3. Die Zwiebeln und den Knoblauch abziehen und ebenfalls in feine Scheiben schneiden.
4. Den Brokkoli und den Blumenkohl in eine Auflaufform füllen und 200 ml Sahne darübergeben.
5. In einer Schüssel die Zwiebeln, den Knoblauch und die Kartoffeln mischen. Mit Salz und Pfeffer würzen und alles auf das Gemüse schichten.
6. Nochmals etwas Sahne darübergießen und alles mit einem Schuss Olivenöl beträufeln. Mit den Semmelbröseln bestreuen und im Backofen 30 Minuten backen.

Zutaten

1 Brokkoli
1 Blumenkohl
500 g Kartoffeln
3 Zwiebeln
2 Knoblauchzehen
250 ml vegane Sahne
Olivenöl
1 EL Semmelbrösel
Salz und Pfeffer

Tipp

In einer Auflaufform aus Naturton bleibt der Eigengeschmack des Gerichts besonders gut erhalten.

Gebratener Tofu mit Erdnuss-Soße

6 Personen, 20 Minuten, Schwierigkeitsgrad *

Zutaten
2 Blöcke weicher Tofu
Olivenöl
2 Zwiebeln
1 EL Sonnenblumenöl
200 g Erdnussbutter
3 EL Sojasoße
einige Blättchen Koriander

1. Den Tofu in große Würfel schneiden.
2. In einer Pfanne Olivenöl erhitzen und die Tofuwürfel darin anbraten.
3. Die Zwiebeln abziehen und in Scheiben schneiden.
4. In einer anderen Pfanne die Zwiebeln 10 Minuten im Sonnenblumenöl bei mittlerer Hitze braten.
5. Die Zwiebeln in ein hohes Gefäß geben und mit der Erdnussbutter, 200 ml Wasser und der Sojasoße zu einer feinen Soße pürieren.
6. Die Tofuwürfel auf Spieße stecken.
7. Mit der Erdnuss-Soße und einigen Blättchen Koriander servieren.

***Erdnussbutter* enthält viele B-Vitamine sowie Kalium und Magnesium. Leider ist sie sehr kalorienreich, weshalb man sie vorsichtig dosieren sollte.**

Tofu Thai

6 Personen, 40 Minuten, Schwierigkeitsgrad *

1. Den Tofu in Würfel schneiden und im Olivenöl goldbraun anbraten.
2. Den Knoblauch und die Zwiebeln abziehen. Die Karotten schälen und alles in Scheiben schneiden.
3. In einer Kasserolle das Sonnenblumenöl erhitzen, den Knoblauch und den Ingwer dazugeben und ca. 1 Minute bei mittlerer Hitze anbraten.
4. Die Zwiebeln hinzufügen und weitere 3 Minuten mitbraten.
5. Die Karotten in die Pfanne geben, die Kokosnussmilch, die Currypaste sowie Salz und Pfeffer dazugeben. Die Kasserolle abdecken und den Inhalt bei geringer Hitzezufuhr 5 Minuten kochen.
6. Den Deckel abnehmen. Den Tofu und die Zuckerschoten dazugeben und weitere 3 Minuten köcheln.
7. Das Gericht mit einigen Korianderblättern servieren.

Zutaten

1 Block Tofu
2 EL Olivenöl
2 Knoblauchzehen
2 rote Zwiebeln
4 Karotten
3 EL Sonnenblumenöl
1 TL Ingwer, gemahlen
1 l Kokosnussmilch
1 EL gelbe Curry-Paste
24 Zuckerschoten
einige Blättchen Koriander
Salz und Pfeffer

Die *Zuckerschoten* gehören zu den Erbsen und stammen aus der französischen Gastronomie. Sie haben einen angenehmen, süßlichen Geschmack und können gekocht, gebraten oder im Dampf gegart werden. Zuckerschoten enthalten viele pflanzliche Proteine sowie B-Vitamine, Vitamin C, Mineral- und Ballaststoffe.

Feijoada: Brasilianisches Bohnengericht

6 Personen, 35 Minuten, Schwierigkeitsgrad *

Zutaten
2 Knoblauchzehen
2 EL Pflanzenöl
1 Karotte
1 Päckchen Seitan
1 Zucchini
1 Aubergine
500 g schwarze Bohnen, gekocht
250 ml Gemüsebrühe
1 Päckchen geräucherter Tofu
Salz und Pfeffer
10 Blätter Petersilie

1. Den Knoblauch abziehen und in Scheiben schneiden.
2. In einer Pfanne mit Öl vorsichtig anbraten.
3. Die Karotte schälen und würfeln. In die Pfanne geben und 3 Minuten köcheln.
4. Den Seitan in große Würfel schneiden. Die Zucchini und die Aubergine in mundgerechte Stücke schneiden. Alles in die Pfanne geben und abgedeckt weitere 10 Minuten bei geringer Hitze schmoren.
5. Die Bohnen und die Gemüsebrühe dazugeben und bei mittlerer Hitze 5 Minuten kochen.
6. Den Tofu würfeln und ebenfalls in die Pfanne geben. Den Herd ausschalten und die Mischung mit Salz und Pfeffer würzen.
7. Mit etwas Petersilie garniert servieren.

Die *Feijoada* ist in Brasilien und Portugal eines der bekanntesten Gerichte in der kalten Jahreszeit. Sie ist sehr kalorienreich, weshalb man auf Vorspeise und Nachtisch verzichten kann.

Nudeln mit Seitan und grüner Paprika

6 Personen, 25 Minuten, Schwierigkeitsgrad *

1. Die Paprika waschen, putzen und in Stücke schneiden. Den Seitan grob würfeln.
2. Das Öl in einer Pfanne erhitzen und die Paprika bei mittlerer Hitze einige Minuten darin braten.
3. Den Seitan hinzufügen, alles gut vermischen und 5 Minuten schmoren.
4. Die Sojacreme dazugeben und mit Salz und Pfeffer würzen. Bei geringer Hitze köcheln.
5. Die Spaghetti bissfest garen und auf Tellern anrichten.
6. Den Seitan darübergeben und nochmals mit Salz und Pfeffer würzen.

Zutaten

2 grüne Paprika
2 Päckchen Seitan
3 EL Olivenöl
500 ml Sojacreme
600 g Spaghetti
Salz und Pfeffer

Aufgrund seines hohen Proteingehalts ist *Seitan* besonders für die Ernährung von Sportlern gut geeignet. Auch für Schwangere, Kinder, Teenager und während der Genesungsphase ist Seitan ein hervorragendes Nahrungsmittel.

Pizza mit Artischocken und Basilikum

6 Personen, 50 Minuten, Schwierigkeitsgrad *

Zutaten

Für den Teig:
300 g Vollkornmehl
½ Würfel Frischhefe
1 TL Zucker
1–2 EL Olivenöl
Salz

Für den Belag:
4 EL Tomaten, gehackt
4 Strauchtomaten
1 Zwiebel
12 kleine Artischocken, in Öl eingelegt
2 EL Olivenöl
Basilikumblätter
Salz und Pfeffer

1. Das Mehl in eine Schüssel sieben, in die Mitte eine Mulde drücken und die Hefe hineinbröckeln. Etwas lauwarmes Wasser sowie den Zucker hinzufügen und mit einer kleinen Menge des Mehls zu einem Vorteig verrühren, dann ca. 10 Minuten stehen lassen. Das Olivenöl, ca. 100 ml lauwarmes Wasser sowie 1 TL Salz hinzufügen und alles zu einem geschmeidigen Teig verarbeiten.

2. Den Teig abgedeckt ca. 30 Minuten an einem warmen Ort gehen lassen.

3. Den Backofen auf 180 °C vorheizen. Den Teig auf einer bemehlten Arbeitsfläche ausrollen und auf ein eingefettetes Backblech oder mehrere Pizzableche legen.

4. Den Teig mit einer Gabel mehrmals einstechen und die gehackten Tomaten darauf verteilen.

5. Den Teig 5 Minuten im Backofen backen und dann herausnehmen.

6. Die Tomaten in Scheiben schneiden, die Zwiebel abziehen und in dünne Scheiben schneiden.

7. Die Artischocken etwas abtropfen lassen und in der Mitte durchschneiden.

8. Die Pizza mit den Tomatenscheiben, den Zwiebeln und den Artischocken belegen. Mit Olivenöl beträufeln und mit Salz und Pfeffer bestreuen.

9. Im Backofen ca. 15 Minuten backen. Mit den Basilikumblättern belegen und servieren.

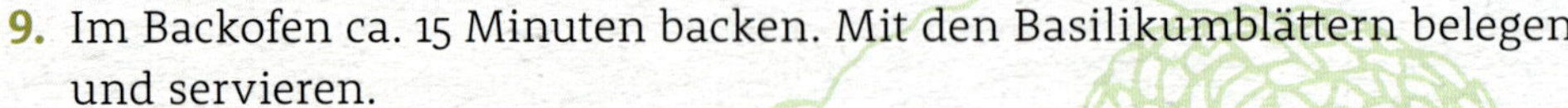

Pizza mit Artischocken und Basilikum

Pilz-Erbsen-Pastete

6 Personen, 25 Minuten, Schwierigkeitsgrad **

Zutaten

Für den Teig:
400 g Vollkornmehl
200 g Margarine
Salz und Pfeffer

Für die Füllung:
2 Knoblauchzehen
2 EL Olivenöl
2 Zwiebeln
200 g Champignons
2 EL Brandy
2 Stängel Petersilie
100 g Erbsen
80 g Maismehl

1. Alle Zutaten für den Teig zusammen mit 3 EL kaltem Wasser, 1 TL Salz und 1 TL Pfeffer in einer Schüssel vermischen und zu einer gleichmäßigen Masse verarbeiten. Mit Frischhaltefolie abdecken und im Kühlschrank kaltstellen.

2. Für die Füllung den Knoblauch abziehen und in Scheiben schneiden. In einer Pfanne mit Öl anbraten.

3. Die Zwiebeln abziehen, würfeln und in die Pfanne geben. 4 Minuten lang braten.

4. Die Champignons putzen, in Scheiben schneiden und mit in die Pfanne geben. Den Brandy angießen und alles 5 Minuten bei mittlerer Hitze unter gelegentlichem Umrühren schmoren.

5. Die Petersilie fein wiegen und mit den Erbsen dazugeben, alles mit Salz und Pfeffer würzen. Den Herd ausschalten, die Mischung nochmals gut durchrühren und etwas ziehen lassen.

6. Das Maismehl mit 80 ml Wasser anrühren und zu den Pilzen geben. Den Backofen auf 180 °C vorheizen.

7. Den Teig ausrollen und 6 Pastetenförmchen damit auskleiden. Den Teigboden jeweils mit einer Gabel einstechen. Die Füllung darauf verteilen und mit Teig abdecken.

8. Die Oberfläche mit etwas Öl bestreichen und das Ganze im Ofen goldbraun backen.

9. Die Pasteten heiß servieren.

Tipp

Damit das Gericht noch schmackhafter wird, ist es ratsam, die Kapern vorher in trockenem Salz einzulegen. Das ist ein typischer Trick der italienischen Küche.

Seitan auf Spinat

6 Personen, 40 Minuten, Schwierigkeitsgrad **

1. Den Tofu zerkleinern und mit der Bierhefe in einer Schüssel vermischen. Nach und nach etwas Wasser hinzugeben und alles zu einer geschmeidigen Creme verrühren.

2. Die Champignons putzen und in Scheiben schneiden. Den Knoblauch und die Zwiebel abziehen und hacken. In einer Pfanne im Öl bräunen. Dann die Champignons dazugeben und mitbraten.

3. Den aufgetauten Spinat und die Gemüsebrühe hinzufügen und das Ganze köcheln lassen, bis die Flüssigkeit verdunstet ist. Nun die Tofu-Creme hinzufügen und alles ca. 3 Minuten zugedeckt bei geringer Hitze schmoren. Mit Salz und Pfeffer abschmecken. Das Gemüse beiseitestellen und warmhalten.

4. Für die Soße den Knoblauch abziehen und hacken. In einer Pfanne im Öl kurz anbraten. Mit dem Weißwein ablöschen und die Gemüsebrühe angießen. Den Zitronensaft, die Kapern, die Bierhefe, das Maismehl und etwas Wasser dazugeben. Alles gut verrühren und mit Salz abschmecken. Die Soße noch etwas köcheln lassen.

5. Für den Seitan das Vollkornmehl, die Semmelbrösel, die Kräuter und 1 Prise Salz in einer Schüssel vermischen. In einer anderen Schüssel den Senf mit 4 Tassen Wasser vermengen, mit Salz und Pfeffer kräftig würzen und zu einer geschmeidigen Mischung verrühren.

6. Den Seitan zunächst in der Mehlmischung wenden und dann in den Senf tauchen. Das Ganze einige Male wiederholen und den panierten Seitan nach und nach in einer Pfanne mit reichlich Öl ausbacken. Auf einem Stück Küchenkrepp abtropfen lassen.

7. Den Seitan mit jeweils 1 Zitronenscheibe auf einem Spinatbett anrichten und mit der Soße begießen.

Zutaten

Für den Spinat:

½ Block Tofu, geräuchert
½ Block Tofu, naturbelassen
2 EL Bierhefe
250 g Champignons
2 Knoblauchzehen
1 Zwiebel
1 EL Planzenöl
1 Packung Blattspinat (TK)
250 ml Gemüsebrühe
Salz und Pfeffer

Für die Soße:

6 Knoblauchzehen
1 EL Pflanzenöl
240 ml Weißwein
150 ml Gemüsebrühe
Saft von 2 Zitronen
3 Kapern
2 EL Bierhefe
1 TL Maismehl
Salz

Für den Seitan:

2 Tassen Vollkornmehl
1 Tasse Semmelbrösel
1 EL Thymian
1 EL Oregano
1 EL Senf
Salz und Pfeffer
12 Seitan-Filets
Pflanzenöl zum Ausbacken
einige Zitronenscheiben

Pilz-Polenta

6 Personen, 50 Minuten, Schwierigkeitsgrad **

Zutaten

1 Knoblauchknolle
1 Zwiebel
1 Karotte
1 Stange Lauch
1 l Wasser
1 Zweig Rosmarin, fein gewiegt
200 g Polenta
18 Austernpilze
Olivenöl
250 ml vegane Aioli
4 geschälte Marcona-Mandeln
Romesco-Soße
Salz und Pfeffer

1. Den Knoblauch und die Zwiebel abziehen. Die Karotte schälen, den Lauch putzen und beides in große Stücke schneiden. Alles in einen Topf mit 1 l Wasser geben und ca. 10 Minuten kochen.

2. Das Gemüse abschütten und den Sud auffangen. Den Rosmarin sowie Salz und Pfeffer in die Flüssigkeit geben und erneut erhitzen. Die Polenta einrühren und nach Packungsanweisung garen. Die Polenta in eine flache Auflaufform geben und 30 Minuten stehen lassen.

3. Aus der fest gewordenen Polenta ca. 18 kreisförmige Stücke ausstechen. Den Backofen auf 200 °C vorheizen.

4. Die Polentascheiben in eine Auflaufform legen und jeweils einen Austernpilz darauf platzieren. Mit einem Pinsel jede Scheibe mit etwas Öl bestreichen. Mit Salz, Pfeffer und Rosmarin bestreuen und ca. 10 Minuten backen.

5. Die Aioli und die Mandeln in ein hohes Gefäß geben und mit dem Pürierstab pürieren. Die Pilz-Polenta mit etwas Romesco-Soße und der Mandel-Aioli-Soße anrichten.

Frikadellen à la Mama

6 Personen, 30 Minuten, Schwierigkeitsgrad **

Zutaten

Für die Frikadellen:

3 Knoblauchzehen
1 Handvoll frischer Koriander
1 Päckchen Tofu, geräuchert
1 EL Paprikapulver, geräuchert
1 Tasse Semmelbrösel
60 ml Gemüsebrühe
1 TL Ingwer, gemahlen
Olivenöl
Salz und Pfeffer

Für die Beilage:

2 Karotten
2 Knoblauchzehen
2 Zwiebeln
2 EL Olivenöl
250 ml Rotwein
3 EL Tomaten, gehackt
200 ml Gemüsebrühe
Salz und Pfeffer
einige Blättchen Koriander

1. Für die Frikadellen den Knoblauch abziehen und hacken. Den Koriander fein wiegen.

2. Den Knoblauch, den Koriander, den Tofu, das Paprikapulver, die Semmelbrösel, die Gemüsebrühe, den Ingwer sowie 2 TL Salz und 2 TL Pfeffer in eine Schüssel geben. Alles gut verkneten.

3. Aus der Masse Kugeln formen und in einer Pfanne mit Öl goldbraun braten.

4. Für die Beilage die Karotten schälen und in Scheiben schneiden. Den Knoblauch und die Zwiebeln abziehen und ebenfalls in Scheiben schneiden. Den Knoblauch im Öl anbraten.

5. Die Zwiebeln und die Karotten dazugeben und alles anbraten.

6. Den Rotwein angießen und die zerkleinerten Tomaten dazugeben. Mit Salz und Pfeffer würzen und bei mittlerer Hitze köcheln, bis der Wein bis zur Hälfte verdunstet ist.Die Gemüsebrühe hinzufügen und alles gut verrühren.

7. Die Frikadellen in eine Schüssel legen und die Beilage darübergeben. Mit einigen Korianderblättchen garniert servieren.

Mit Quinoa gefüllte Paprika

6 Personen, 40 Minuten, Schwierigkeitsgrad **

Zutaten

Für die Paprika:

6 rote Paprika
½ Brokkoli
½ Blumenkohl
3 reife Knoblauchknollen
3 EL Olivenöl
3 Tassen Quinoa
2 Stängel Petersilie
100 g geröstete Mandeln
1 Päckchen Tofu
Salz und Pfeffer

Für die Soße:

2 Knoblauchzehen
2 EL Öl
1 Prise Kümmel
3 Karotten
250 ml Gemüsebrühe
Salz und Pfeffer

***Quinoa* ist ein Pseudogetreide und botanisch eher mit dem Spinat und den Rüben verwandt. Es ist in Südamerika heimisch, wo es seit rund 6000 Jahren angebaut wird.**

1. Den Backofen auf 180 °C vorheizen. Die Paprika 20 Minuten im Backofen garen. Herausnehmen, abkühlen lassen, entkernen und enthäuten.
2. Den Brokkoli und den Blumenkohl in kleine Stücke schneiden.
3. Den Brokkoli 2 Minuten kochen, abschütten und den Sud auffangen. Das Gemüse gut abtropfen lassen und dann kurz unter fließend kaltem Wasser abschrecken.
4. Den Blumenkohl im Brokkoli-Sud 4 Minuten kochen. Abschütten, abtropfen lassen und unter fließend kaltem Wasser abschrecken.
5. Den Knoblauch abziehen und in Scheiben schneiden. In einer Pfanne etwas Öl erhitzen. Den Brokkoli und den Blumenkohl zusammen mit dem Knoblauch im Öl schwenken. Mit etwas Salz und Pfeffer würzen.
6. 1,1 l Wasser mit einer Prise Salz zum Kochen bringen. Sobald das Wasser kocht, die Quinoa einstreuen und 12 Minuten abgedeckt bei geringer Hitze und geschlossenem Deckel garen.
7. Die Petersilie und die Mandeln hacken und unter die Quinoa mischen.
8. Den Tofu in Streifen schneiden und die Quinoa hinzufügen. Die Brokkoli-Blumenkohl-Mischung dazugeben und alles sehr behutsam vermischen.
9. Für die Soße den Knoblauch abziehen und in Scheiben schneiden. Den Knoblauch in einer Pfanne mit Öl anbraten und den Kümmel dazugeben. Die Karotten schälen, in Scheiben schneiden und hinzufügen. Mit Gemüsebrühe ablöschen und mit Salz und Pfeffer würzen. Bei mittlerer Hitze 10 Minuten kochen. Die Karotten in ein hohes Gefäß geben und mit dem Pürierstab pürieren.
10. Die Paprika mit der Mischung füllen und mit der Karottensoße servieren.

Panierter Seitan mit Pilzsoße und Backofenkartoffeln

6 Personen, 50 Minuten, Schwierigkeitsgrad **

Zutaten

Für die Backofenkartoffeln:
500 g Kartoffeln
2 Zwiebeln
4 Knoblauchzehen
Lorbeer, Thymian
2 EL Olivenöl
Salz und Pfeffer

Für die Soße:
½ Knoblauchknolle
2 Zwiebeln
2 EL Olivenöl
500 ml Rotwein
250 g Shiitake
1 Scheibe Toastbrot
2 EL Bierhefe
125 ml Sojasoße
1 Würfel Gemüsebrühe
Salbei, Basilikum
Salz und Pfeffer

Für den Seitan:
2 Tassen Weizenmehl
1 Tasse Semmelbrösel
1 EL Thymian
1 EL Oregano
2 EL Paprikapulver, edelsüß
1 EL Sojasoße
12 Seitan-Filets
1 EL Pflanzenöl
Salz und Pfeffer
einige Tomatenscheiben, angebraten

1. Den Backofen auf 180 °C vorheizen. Für die Backofenkartoffeln die Kartoffeln und die Zwiebeln schälen und in Streifen schneiden. Den Knoblauch abziehen und hacken. Alles in eine große Schüssel geben. Die Kräuter, das Olivenöl sowie etwas Salz und Pfeffer hinzufügen und alles vermischen.

2. Die Mischung in eine Auflaufform füllen und mit Alufolie abdecken. Im Backofen ca. 30 Minuten garen. Zuletzt die Alufolie abnehmen und die Kartoffeln knusprig braun werden lassen.

3. Für die Soße den Knoblauch und die Zwiebeln abziehen, hacken und im Öl bräunen. Mit dem Wein ablöschen und schmoren, bis etwa ⅓ der Flüssigkeit verdampft ist.

4. Die geputzten Pilze hinzufügen sowie das gewürfelte Toastbrot, die Bierhefe und die Sojasoße. Alles bei geringer Hitze in einem abgedeckten Topf etwa 20 Minuten köcheln.

5. Den Würfel Gemüsebrühe hineinbröckeln, verrühren und die Soße weitere 15 Minuten köcheln. Salbei und Basilkum dazugeben. Mit Salz und Pfeffer würzen.

6. In einer Schüssel das Mehl, die Semmelbrösel, die Kräuter, das Paprikapulver und reichlich Salz und Pfeffer vermischen. In einem anderen Gefäß 4 Tassen Wasser mit etwas Sojasoße verrühren.

7. Den Seitan zunächst im Mehl wenden und dann in die verdünnte Sojasoße tauchen. Den Vorgang zweimal wiederholen. Den panierten Seitan im Öl anbraten und danach auf Küchenkrepp abtropfen lassen.

8. Etwas Soße auf die Teller geben und den Seitan nach Belieben mit einigen Scheiben gebratener Tomate anrichten. Zuletzt die Backofenkartoffeln darübergeben.

Tipp

Shiitake enthalten viele Ballaststoffe, aber kaum Kalorien. Sie decken den Bedarf an essenziellen Aminosäuren und sind die ideale Zutat für Schmorgerichte.

Pizza mit getrockneten Tomaten und Käse aus Cashew-Kernen

6 Personen, 30 Minuten, Schwierigkeitsgrad *

Zutaten

Für den Teig:

300 g Vollkornmehl
½ Würfel Frischhefe
1 TL Zucker
1–2 EL Olivenöl
Salz

Für den Käse:

100 g Cashew-Kerne
400 ml Wasser
2 EL Bierhefe
1 TL Salz

Für den Belag:

4 EL Tomate, gehackt
6 Kirschtomaten
12 Tomaten, getrocknet
18 Blätter Rucola
frischer Oregano

1. Das Mehl in eine Schüssel sieben, in die Mitte eine Mulde drücken und die Hefe hineinbröckeln. Etwas lauwarmes Wasser sowie den Zucker hinzufügen und mit einer kleinen Menge des Mehls zu einem Vorteig verrühren, dann ca. 10 Minuten stehen lassen. Das Olivenöl, ca. 100 ml lauwarmes Wasser sowie 1 TL Salz hinzufügen und alles zu einem geschmeidigen Teig verarbeiten.

2. Den Teig abgedeckt ca. 30 Minuten an einem warmen Ort gehen lassen.

3. Den Backofen auf 180 °C vorheizen. Den Teig auf einer bemehlten Arbeitsfläche ausrollen und auf ein eingefettetes Backblech legen.

4. Den Teig mit einer Gabel mehrmals einstechen und die gehackten Tomaten darauf verteilen.

5. Den Teig 5 Minuten bei 180 °C im Backofen backen, danach herausnehmen.

6. Für den Käse die Cashew-Kerne mit 400 ml Wasser, der Bierhefe und 1 TL Salz vermischen und mit dem Pürierstab zu einer feinen, klumpenfreien Soße pürieren.

7. Für den Belag die Kirschtomaten halbieren und die getrocknete Tomaten in feine Streifen schneiden.

8. Die Pizza mit den Kirschtomaten und den getrockneten Tomaten belegen. Den Käse und den Rucola auf der Pizza verteilen und im Backofen 15 Minuten backen.

9. Die Pizza aus dem Ofen nehmen und mit frischem Oregano belegt servieren.

Rezeptregister

Vorspeisen

Hauptgerichte

Erstveröffentlichung unter dem Titel:
„Delicias veganas – Más de 80 exquisitas recetas“

Grupo Océano, Milanesat 21-23, 08017 Barcelona

Genehmigte Lizenzausgabe
EDITION XXL GmbH
Industriestraße 19
64407 Fränkisch-Crumbach 2015
www.edition-xxl.de

Fotografie: Becky Lawton
Requisitenauswahl: Agnes Cobotaite
Illustrationen: Lavandaart für Dreamstime
Design und Cover: Jordi Galeano
Verantwortliche: Esther Sanz
Übersetzung: Petra Kumbartzky
Layout, Satz und Umschlaggestaltung:
design cat GmbH

ISBN (13) 978-3-89736-191-1
ISBN (10) 3-89736-191-4

Bildnachweis:
Shutterstock: Africa Studio 2–96; bitt24 22; dreamstime 4,10,11,30,33; Maks Narodenko 16